超・営業法

行政書士開業初月から100万円稼いだ

行政書士
金森重樹
Kanamori Shigeki

PHP研究所

「行政書士」開業初月から
100万円稼いだ
超・営業法

目次

PART 1
年収300万と1000万、あなたはどちらを選びますか？

PART 2

成功するための心構え

PART 3

成功への足がかりはコミュニケーション能力の向上にある

PART 4
「お客・情報・金」が集中するビジネス戦略

PART

5

ファックスDMで自動的に顧客を集める

PART 6

広告費を使わず集客する戦略

PART 7

一度獲得した顧客を逃さないために

◆企画協力　アップルシード・エージェンシー
◆装丁・本文デザイン　吉崎広明
◆編集協力　梅森妙
◆校　正　行川美樹

「行政書士」開業初月から100万円稼いだ
超・営業法

PROLOGUE

行政書士開業初月に月商100万円は夢じゃない

おそらく、この本を手にとったあなたは、次のうちのいずれかだとおもいます。

パターン その1

これから行政書士の試験に挑戦しようとおもっているのだけれど、行政書士がどれくらい稼げるのか知っておきたいのでこの本に興味を持った。

「もし、全然食えないようだったら行政書士の受験自体をやめよう」、もしくは「食えないのなら、何かあったときのための予備資格として取っておいて、その上の司法書士とか弁護士とか、平均年収がより高い資格を目指そう」と考えているのが典型的な例。

このような方は、本書を熟読して、失敗しないように開業後に備えてください。

パターン その2

試験に合格して行政書士登録をしたものの、どうやって仕事を取ったらいいのかわから

ないのでこの本に興味を持った。

「試験に受かるまでは、試験勉強に忙しくてどうやって食っていくのか想像もしてなかったし、仕事をどうやって取るかは試験に受かってから考えればいい、とおもって先送りにしていた。また、試験に受かればなんとなく仕事が来ると淡い期待を抱いていた。

そもそも、自分は人づきあいがヘタで、会社の同僚や仲間とワイワイ騒ぐことが苦手だ。会社にいても、ぽつんとひとりで仕事をしているようで疎外感を感じてつまらない。行政書士になれば、余計な人づきあいや人間関係とは無縁でいられるとおもったから行政書士になったんだ」と考えているのが典型的な例。

パターンその2の場合には、予備校のパンフレットなどに、「行政書士で年収1000万円以上可能」と書いてあるのを鵜呑《うの》みにし、長年勤めた会社を退職し、意気込んで事務用品、コピー機、FAXや高額な業務用の書籍などを購入して、お金を使って事務所も借りてみたものの、一向に電話が鳴らない。売り上げもないのに経費ばかり出ていって「何とかしないとまずいな」と焦っているというのが実情ではないでしょうか。

開業後、食っていけない行政書士の行動パターンについてもう少し見てみましょう。

開業直後は、意気揚々として事務所に看板を掲げたり、名刺や事務所名入りの封筒をつくるなどして準備します。また開業のあいさつ状などをせっせと関係者に郵送します。この時期が本人にとっては一番充実していて楽しい時期ですね。

ひと段落ついて、さあ準備万端で、「いつお客さんが来ても大丈夫なように」と机に座る。

ところが、待てど暮らせど電話はちっとも鳴りません。あまりにも電話が鳴らないので、電話線が通じてないいんじゃないかとおもって、携帯から事務所の電話にかけてみると、ちゃんと通じている。

そこで行政書士の開業本を買ってきて読んでみると、「事務所の近くの同業者にあいさつまわりにいこう」と書いてある。

行政書士会の名簿を見て、何とか近くの先輩行政書士にアポイントを取りつけ、業務のアドバイスを聞きにいってみる。

そこで先輩から受けるアドバイスが、「石の上にも3年というだろ。一生懸命、どんな小さな仕事でも、コツコツと積み重ねていくようにすることで、だんだん信頼が得られるようになる。大きな仕事が舞い込んでくるのに、3年はかかるものだよ。僕もそうして、今の事務所を築いてきたんだ。まずは、以前に勤めていた会社に、それから、今まで名刺を交換した人にあいさつにいきなさい。それが終わったら、親戚に……」とのこと。

このアドバイスは、一見してもっともらしく聞こえるのですが、そもそも、**その「どんな小さな仕事」は最初にどうやって取ればいいのですか？** 信頼を得るための最初の仕事さえ取れないわけですから。それについては、先輩行政書士は何も答えてはくれません。

以前働いていた会社にしても、行政書士の資格を取って「僕は、独立して行政書士事務所を開業するんです」と大見栄を切って辞めたのに、どのツラをさげて「仕事をいただけませんか」とあいさつにいくのでしょう。カッコ悪くていけませんね。

会社を辞めるときにあなたをバカにして「行政書士みたいな、やさしい試験でメシが食えるか。そんなもの転職のときに役に立つくらいじゃないのか」といった上司に、再び好き好んでバカにされにいくようなものじゃないですか。

元同僚にも「やっぱり、そうだろ〜。だからあのときやめておけといったんだ」と勝ち誇った顔で笑われるだけですよ。

また親戚のところにあいさつにいくといっても、あなたは日頃から、まめに親戚づきあいをしていますか？

日頃親戚づきあいもしていないのに、いきなりいっても「都合のいいときばかり来て」とおもわれるのが落ちですし、その後の親戚関係にもいい影響は与えないでしょう。

「事務所の近所の不動産屋や、役所、商工会議所などにあいさつまわりにいこう」というアドバイスにしたがってあいさつまわりにいけば、営業マンが来たとばかりに、冷たく追い返されるでしょう。

それにも懲りずに、毎日毎日、企業をあいさつまわりして冷淡な断りをもらううちに、あなたの、行政書士に合格したというプライド、法律家としての誇りはずたずたに引き裂かれて、自分自身がなんだかとてもちっぽけな存在におもえてきて、営業で断られるたびに自分の人格が否定されたように感じることでしょう。

人脈を広げようと異業種交流会に出てみれば、マルチ商法の人間や保険の勧誘のカモにされるかもしれません。あるいは、まったくお客さんにならない会社員が自己啓発と称して参加しているのを見て嫌になるでしょう。

そんなところで、せっせと名刺を配っても、その後、仕事につながることがないのは、あなたも経験済みだとおもいます。

商売で儲かっている人が、普通の居酒屋でやってるような異業種交流会にいくでしょうか？　あるいは、いく時間があるでしょうか？

とてもじゃないけど、いく暇なんてないですよね。

一度限りの名刺交換で名刺の数ばかり増えても、そのようなものを人脈とは呼びません。力のない者同士が群れても何の役にも立たないのです。

いろいろと営業活動をやってみた結果、あなたは、「町の法律家」じゃなくて、営業も一人前にできない「待ちの法律家」であることを思い知らされるでしょう。

人間は元来怠け者にできていますから、飛び込みでのあいさつまわりも、一回やらなくなるとやる気が萎えてしまいます。時間が経てば経つほど、おっくうになって次にやるときのエネルギーが必要になってくるからです。

こうなると、行政書士会の行事や会費を払って業務研修に参加することのみが、現実の生活の苦しさを一時忘れさせてくれる、ささやかな楽しみになってきます。

同じような境遇の新人行政書士仲間と酒を酌み交わして、お互いの傷を舐めあうようになります。でも、研修会でどんなに勉強しても、それを生かす場がないのですから、むなしいものです。生かせる場といえば、行政書士会主催の無料相談会くらいじゃないでしょうか。

生活保護だって、今どき月15万は受給できるというのに、何が悲しくてわざわざ安定した会社を辞めて独立したのですか？

あなたは、会社にいたときよりももっと充実した仕事ができて、金銭的なゆとりがある暮らしをするために行政書士になろうと独立したのではないのですか？

「やっぱり行政書士試験の合格率が高くて、試験がやさしいから、世間に舐められて仕事の依頼がこないんだ。ロースクールにいくか、司法書士をめざして、もう一段上の試験に受からないと……。行政書士の資格だけではメシは食えないんじゃないのかな？」と、おもっていませんか？

「これ以上、毎年行政書士試験の合格者を出されたら、今でさえない仕事がなくなってしまう。自分の将来はどうなってしまうんだろう……」と危機感を感じていませんか？

ここで真実をお話ししなければなりません。

従来、**あなたが聞いてきた先輩のアドバイスや、予備校が出している開業本は、何の役にも立ちません**。

肝心な「収入を得るためのノウハウ」は誰も教えてくれません。

ですが、これは何も先輩行政書士が営業のノウハウを隠しているわけではないのです。先輩たちには、実は語るべき営業ノウハウがないのです。

あるいは、自分が儲かってないのに、あなたに親切にアドバイスをしてくれる先輩がいたとしても、それを真に受けて営業活動をして、いい結果が得られるはずがありません。

適切なアドバイスができる先輩だったら、自分が儲かっているはずですから。

先輩たちは許認可手続については、多少の薀蓄《うんちく》があるのかもしれませんが、マーケティングについては、素人と考えてもほぼ間違いはありません。

そんな話を真に受けてどうします？　誰も責任を取ってくれませんよ。世の中はすべて自己責任なのです。

予備校は開業セミナーを開講していますが、そもそもガッツンガッツン儲かっている行政書士なら、開業セミナーの講師は絶対にやらないはずです。

儲かっている行政書士が、何が悲しくてわざわざ時給数千円の割の悪い講師のバイトをするでしょう。そんなことをする暇があったら、自分の業務を1件でも多くこなすほうが儲かるわけですから。

開業セミナーの講師をやる行政書士はそれ自体、自分が食えてないということを証明しているようなものです。

そんな食えていない行政書士の話を真に受けて、高い受講料を払ってノートを一生懸命にとってどうします？

たしかに、開業セミナーは会社設立や建設業の書類作成のノウハウはある程度教えてくれるでしょうが、営業の方法は教えてくれません。教えてくれたとしても、「ネーム入りのボールペンや、タオルを配ろう」とか、「役所にあいさつにいこう」とか、「表に大きな看板を出そう」とか、効果が疑問視される方法だったりします。

ここで、遅くなりましたが、僕の自己紹介をいたします。

平成14年秋に開業したので、この本を出す頃には、行政書士になってから、約2年が経ちます。開業初年度の確定申告では2138万円の所得を申告しておりますので、開業初年度としてはそれほど悪くない数字だとおもいます。会社でサラリーマンをしていた頃は、年収1300万円ですから、当然これ以上稼げる目算があって、会社を辞めて行政書士を開業したわけです。


僕は、現在メールマガジンの『まぐまぐ』のマーケティング部門で読者数日本一の3万6000人の発行者です。読者数日本一ですから、いちおうマーケティグのプロと申し上げても、異議がある方はいらっしゃらないとおもいます。

決して行政書士の狭い業界内で営業がうまいのへただのといっているわけではなく、ちゃんと経営者相手に実績を残してきています。

ですから、新人行政書士の方に（僕も約2年ですから、新人といえば新人かもしれませんが）、僕の営業のノウハウを公開したところでビクともしません。

このような立場の人間でなければ、本当の営業ノウハウは公開できないでしょう。

なぜなら、新人行政書士と営業力がどっこいどっこいの行政書士が営業ノウハウを公開してしまえば、自分の仕事のパイが荒されるのではないかと心配するからです。
自分の仕事が減ることを恐れるあまり、彼らはおちおち自分の営業ノウハウを後輩に公開できないでしょうから。

「マーケティングのプロが行政書士の業界に乗り込んだらどうなるか？」

この本には興味深い結果が書かれています。

僕は、開業のあいさつ状なんか、いっさい出していません。事務所の名前入りの封筒もつくっていなければ、事務所のはんこもつくりませんでした。また、開業のあいさつまわりにも、いっていません。

そんなことをしても、効果がないのは百も承知ですので。

でも、開業初月からきっちりと月商１００万円の数字はあげています。

また、以前の人脈とかコネに頼ったかというと、これも一切頼っておりません。すべて、新規開拓です。

さらに、開業した平成14年2月は結婚した月でもありまして、新居を六本木に定めたり、新生活の調度品をそろえたりで、開業のための資金はゼロ、というすっからかんの状態で開業しました。

つまり、**金・コネ・人脈など一切ない状態で開業**しました。

どうですか？　あなたと条件は変わらないのではないですか？

むしろ、準備のための貯金があったり、元の会社の友人が仕事を紹介してくれたりで、あなたのほうが条件がいいかもしれません。

本書は、**行政書士事務所の開業初月に、いきなり月商100万円を叩き出した僕が、どうしたら行政書士だけで食っていけるかを、実体験に基づいて解説してみよう**という本です。また僕が、5カ月で北海道から鹿児島まで全国38の支部を持つ行政書士・司法書士・税理士の全国団体（以下、「協議会」といいます）をつくり上げた事業展開の軌跡についても触れています。

これから行政書士試験を目指そうとしている方、開業を検討中の方、そして開業したものの生活保護以下の所得しか得られず、廃業を考えている方、メシが食えない理由を行政書士試験の難易度のせいにしている方にとっては、この本は、今まで先輩行政書士から聞いていた話や概念を根底から覆すパラダイム本になるでしょう。

また、これから行政書士の勉強をして、将来は開業しようかと考えているあなたにとっては、明るい未来を切り開く本となるでしょう。

行政書士という資格には夢があると感じていただけるでしょう。

この本に書いてある内容にすべて目を通してしまえば、「なんだ、そういうことだったのか！」「これなら、オレにもできるぞ！」と感じていただけるとおもいます。

でも、感じただけでは意味がないのです。行動することが重要なのであって、リスクを負うことが重要なのです。

実際、この本を読んだとしても、それを確実に実行する行政書士は1％もいないでしょう。だからこそ、**実行したあなたは、頭ひとつ抜き出ることが可能**なのです。

適切なマーケティングをすれば、行政書士開業から数年もあれば年商数千万円は十分可能です。

そういうと、「新人の平均年収が250万円を切るような行政書士の世界で、本当に数千万円稼げるのだろうか？」とあなたは懐疑的になってしまうかもしれません。

よく考えてみてください。マーケティングスキルを持たない人々と、この本でしっかりと稼ぐためのマーケティングスキルを身につけたあなたの平均年収を比較してどうするのですか？

なにもやってない人間と、やり方を知って、それに向けて効率よく努力する人間の年収を単純に比較することはできませんよね。

「コンフォートゾーン」という言葉があります。自分のセルフイメージ（自己像、つまり自分自身についてどのようにとらえているか）が居心地よく感じる領域です。

先輩から「石の上にも3年というだろ。行政書士は開業から3年は食えないんだ」と刷り込みをされて、仮にあなたのセルフイメージが「自分は、開業してから数年は、年収300万円も稼げたら御の字の能力の人間だ」というイメージだとします。そうすると、あなたが実際に年収300万円以上になろうとすると、あなたのセルフイメージはあなたの事業にブレーキをかけることになります。

年の途中でセルフイメージ以上に稼ぎそうになったときに、「本当に自分はこんなに稼いでもいいのだろうか。これは本来の自分の実力じゃない。今はたまたまうまくいっているだけで、1年間終わってみたらやっぱり300万円くらいなのだろうな」と自分がうまくいっていることに対して落ち着かなくなるのです。そして、自分のセルフイメージにあわせるように、あなたは無意識に営業の手を緩めるのです。

そうすると、最終的には年収300万円くらいで落ち着いて、「ああ、やっぱり自分の実力は年収300万円程度なのか」とあきらめながらも、自分自身で、その数字を快適だとおもってしまいます。

人間は、失敗するのが怖いのと同時に、成功することも恐れているのです（成功回避傾向といいます）。

あなたが自分のセルフイメージを低く持っていれば、そのセルフイメージ以上の人間にはなりようがありません。

あなたが年収3000万円、5000万円のセルフイメージを持っていれば、300万円を稼ぐことなど当たり前ですから、自分の事業にブレーキをかけることはありません。自分で自分にブレーキをかけることなく加速していけるように、この本を読んで、抜本的にあなた自身のセルフイメージを変えてしまう必要があります。

あなたが自分のセルフイメージを変えれば、先輩たちの営業手法を反面教師としながらガンガン稼ぐ行政書士になれるのです。

先輩たちの中には、あなたのセルフイメージの足を引っ張る、悪い影響を与えるネガティブな情報や考えを持っている人もいますから、その考えに毒されないようにしてください。遠慮することはありません。ぶっちぎりで稼いでください。そして稼げない行政書士の妬みは無視してどんどん加速するのです。そのためには、この本に書いてある知識や情報を吸収して、セルフイメージをポジティブなものへと変えていく必要があります。

さあ、今から成功の扉を開いてください。

この本を読み終えて1カ月後には、月商100万円を突破するようになっていることでしょう。

●「収入を得るためのノウハウ」は誰も教えてくれない。

●金・コネ・人脈など一切ない状態で開業しても、開業初月から月商100万円を稼ぐのは夢じゃない。

●適切なマーケティングをすれば、行政書士開業から数年もあれば年商数千万円は十分可能。

PART 1 年収300万と1000万、あなたはどちらを選びますか？

1 6割の行政書士が年収300万以下という現実

僕は、新人行政書士のための行政書士開業ML（メーリングリスト）に入っています。MLとは、ひとりが発言した内容が複数の参加者に電子メールで送信される、情報交換のための仕組みです。

「開業のためのノウハウを学ぶ」という趣旨の行政書士開業者のためのMLなのです。僕の場合には、営業のノウハウのほうは幸い必要としなかったのですが、実務の勉強をするためにそのMLに入りました。MLの参加者は、開業1～2年の新人が中心です。

この新人の方たちの平均年収は、おそらく250万円に達してないのではないでしょうか。

東京都の生活保護の受給額が、世帯の構成にもよりますが、年額でだいたい265万円程度ですから、それ以下なのです。

背広を着て、新しいバッジをつけた新人行政書士の皆さんは、いそいそと業務研修会などの行事に参加しています。しかし、その実、生活保護以下の収入しかない方が多数いらっしゃるのが現実です。

これから行政書士になろうと考えている開業予定者の方にとっては、かなりショッキングな情報かもしれません。

なぜ僕が、ML参加者の方たちの年収を知ることになったかというと、実際にその中の何人かと会って話をしてみた結果、そう結論づけざるをえなかったからです。ことの次第はこうです。

開業当初から、僕の事務所では大量集客を実現し、業務依頼が殺到していました。しかし、補助者を雇っていなかったため、自分ひとりでは業務に対処できなくて、常にオーバーフローの状態でした。

業務がオーバーフローした部分は、他の行政書士に外注に出さなければいけないので、外注の依頼情報をML上に流していました。その際に応募してくる新人行政書士の方と面談で話をする機会がよくありました。

なぜ業務依頼に応募してきたのか、応募者の方の話を聞いていくと、彼らは行政書士になってから、ほとんど仕事がなくて、まともに食えていないというのです。

そこで、「他の同期の行政書士仲間の方たちはどうしているのでしょうか」と聞いてみると、業務研修会や、任意の勉強会などの場で集まった際に、同じ時期に登録した行政書士仲間に話を聞いても、状況は似たり寄ったりだといいます。

じゃあ、これらの仕事のほとんどない新人行政書士の方たちはどうやって生活しているのでしょうか？

中には、塾のアルバイトで生計を立てている方もいます。また、僕が会社設立の仕事を依頼したある行政書士の方は、まったく収入がないので、奥さんに食べさせてもらっているといっていました。幸いなことに、奥さんは看護師で生活力があるので、なんとかやっていけているという話でした。

また、別の行政書士の方は、昨年の年収（日当じゃないですよ）が5000円だといっていました。5000円は、近所にチラシを撒いて、1度だけ有料相談の依頼があった相談料収入だといいます。これは実話です。自宅で両親と同居して食べさせてもらっていたから、行政書士業務を続けていられたのですが、行政書士と名乗ること自体いいのか？というような収入でした。

資格学校とか通信教育の教材会社などは、将来有望な「町の法律家」として行政書士の紹介をしていますね。

パンフレットを見てみると「年収1000万円以上可能」などと解説して華々しく行政書士資格を紹介していますが、これなんかスポーツ新聞の求人広告で「日払い大5枚以上可能」というのと同じくらいあやしいものです。何とかして資格講座の受講生を増やそうとして、魅力ある資格として解説しているわけです。

たしかに、「年収1000万円以上可能」は間違ってはいません。行政書士専業で、年収1000万円以上稼ぐことは可能なのですが、現状は既に述べたとおりでして、行政書士全体の平均年収は、その数分の1というのが実態ではないでしょうか。

以上のような状態が、新人行政書士の方たちの実情でしょう。

行政書士として登録している人の中にも、税理士や司法書士など、他士業との兼業者の方が多いですから、行政書士専業でやっている方はかなり少ないのではないでしょうか。

参考までに、ちょっと古い数字ですが、日本行政書士会連合会のアンケート結果（1994年5月実施）によると、

年収100万円未満……………40%

年収101～300万円……22%

年収301〜500万円……12％

だそうです。

実に、62％の方が、年収300万円以下なのですね。このデータを見ると、新人行政書士の方たちが年収300万円以下なのは、何も驚くに当たらないということでしょう。

2 バッジで顧客は集まらない

行政書士受験生の中には、行政書士のバッジが強大な顧客吸引力を持っていて、「試験に合格して行政書士バッジさえ手に入れれば食えるようになる」という幻想を抱いている方がいます。そんなことはありえません。

そのバッジが仮に行政書士のではなくて、司法書士バッジでも弁護士バッジでも、どんなバッジを手に入れようが、顧客の獲得方法を知らない限り顧客は集まりません。

結局のところ、先ほどの新人行政書士の方たちの年収が低かったのも、顧客の獲得方法を知らなかったのが原因です。

行政書士の資格では食えないが、弁護士の資格があればメシが食える、とおもっているあなたに質問します。

「今からわたしが、弁護士のバッジをあなたに差しあげます。想像してみてください。今あなたは弁護士です。さて、弁護士のあなたはどうやってお客さんを取りますか？」

同じ問題で行き詰まりますよね。その場合、もう「自分は弁護士の資格がないからお客さんが来ないんだ」というういいわけができない分、余計追い詰められるのではないでしょうか。

結局どんな資格であっても、お客さんの財布を開けさせて現金をもらうという活動自体に何ら変わりはないのです。資格の威光やバッジで仕事が取れるとおもったら間違いです。

実際、僕はサラリーマンのときは不動産屋に勤務していましたから、お決まりのヴェルサーチのダブルを着ていましたが、開業してからは背広も着ませんし（太ってしまって全部着れなくなりました）、行政書士のバッジもつけていません。仕事をする上で背広もバッジも必要ないからです。大企業の取締役と会うときでも普段着で会います。

相手にとって、リスクがなくメリットのみの提案（リスクリバーサルといいます）を僕がしている場合に、背広を着ていないからといって、商談を断る人がいるでしょうか？そんなもったいないことしないですよね。

逆に、背広やバッジに信頼感の付与の効果を頼ろうとするのは、自分に自信がないことの裏返しだといえます。

また、僕の名刺には「事務所代表」とは書いてありますが、「行政書士」とさえ書いてありません(今は、現場業務は任せて事務所経営しかしていないので、肩書きが必要ないということもありますが)。だからといって仕事が取れていないかというと、大手外資系企業、大企業などとお取引をさせていただいております。

このことからも、バッジとか肩書きなど役に立たないということがおわかりでしょう。資格に頼って企業まわりをしても、こちらがどのようなソリューションを提供できるか示さないと何の意味もありません。

新人行政書士「わたし、行政書士の○○と申します」
訪問先企業の人「で？　あなた、何のご用ですか？」

と、いわれておわりです。

肩書きがあれば、食っていけるほど士業は甘くないのです。

3 「行政書士は開業から3年は食えない」の嘘

プロローグにも書きましたが、「行政書士は開業してから3年は食えない」などと先輩行政書士からいわれたという話をよく聞きます。

3年無収入で辛抱するなんて、親がかりの学生や年金生活者の方ならまだしも、女房子供のいる方にとっては無茶苦茶な話ですよね。

実際のところ、これらの無責任な発言は、先輩行政書士の方が「自分がこれまでなかなか食べて来れなかった」という営業力のなさを隠蔽し、事務所開業からしばらくは食えてなかったという事実を正当化するため以外の何ものでもありません。

食えなかった人に質問するから食えないという答えがでてくるのです。人は、自分の経験以上のものを語れませんから。食えている人に質問したら、また違った答えになっていたでしょう。

それなら、「3年経てば食えるようになるのか?」といえば、3年経ったところで、食えない人はやっぱり食えないのです。逆に、開業したばかりでもきちんと食えている人もいるわけですから、この3年という期間には何の根拠もありません。

実際3年経たなくても、食えている人はたくさんいます。

たとえば、友人の丸山行政書士は開業初年度で年収1000万円を稼いで『行政書士になって年収1000万円稼ぐ法』（同文舘出版）という本を出版されていますし、僕の主催する協議会でも開業初年度から1000〜2000万円稼いでいる行政書士はいます。

平均年収などという概念にとらわれていても、しょうがないわけです。

たとえばラーメン屋でも、倒産する店もあれば、年商1億円の繁盛店もあるように、「行政書士は食っていけますか?」という一般的な質問に対する答えは、「食える人もいれば、食えない人もいます」というものにならざるをえません。だったら、**行政書士の平均年収について、あれこれ思い悩むよりも、少しでも自分が儲かるグループに入れるよう努力をしていくほかない**のです。

そのために、この本があるのです。開業したばかりで行政書士の知り合いが少なく、手本にしようにも手本にできる先輩がいないという方でも、この本で成功するための情報を吸収すれば、儲かるグループに入ることが可能なのです。

4 新人行政書士が抱えるジレンマを解決する法

次に、新人行政書士の方が抱えるジレンマについて見てみることにします。

そのジレンマとは「仕事の依頼がこない」、仮に依頼がきたとしても「仕事をやったことがないので、処理に困る」、だから、「仕事の依頼を断る、もしくはお客を逃してしまう」というものです。それで、最初に戻って「仕事の依頼がこない」となるわけです。負の連鎖ですね。ですから、いつまでたっても新人(未経験者)のままです。

このジレンマはどのように解決していけばいいのでしょうか？

業務経験を積むために行政書士事務所にひとまず入所して補助者登録をして、行政書士補助者として現場の経験を積んでから開業したいと考える人もいるかもしれません。たしかに僕の事務所でも補助者は常時募集しています。

しかし、そんな遠まわりをしなくても、実際に大量集客をしてたくさんの業務に当たるのが、業務経験を積むための一番の近道です。

大抵の行政書士業務は役所の窓口でわからないことを聞いたり、本を読めばできるようになっています。それを、やったことがないからという理由で、依頼を断ることこそが問題なのです。誰でも、最初はやったことがないのですから。

本書で解説する方法で大量集客をして、実際に仕事をどんどんこなしていけば、あっという間に「仕事をやったことがない」という問題は解決できます。業務をやりながらわからないことは調べて、事例に数多く当たっていくのです。

そうはいっても、どうしてもできなさそうな業務がないとはいえません。「どうしても自分では手に負えない業務がきたときは、どうしよう」と心配される方もいらっしゃるかもしれません。

その場合には、喜ばれますので、先輩に外注に出しましょう。

また、近所に適切な先輩の行政書士がいなければ、僕のところにご連絡いただければ、全国の協議会支部でも対応可能です。

先輩にタダで教えてもらって、自分で業務をやろうなんて考えないことです。何度も無料で聞いていたら嫌な顔をされます。

そして、先輩が取り組んだ仕事の成果である申請書などをよく見て勉強しておけば、次から同じ業務の依頼が来た場合には、自分で対応できるでしょう。先輩が業務を完了した段階で、先輩がやった仕事に関してわからない個所があれば、その点の質問をすることは何ら問題ないわけです。

このような対策をとっておけば、「お客さんから、もし自分が知らない質問をされたらどうしよう」という恐怖から、受注機会をふいにすることはないのです。

矛盾しているように感じるかもしれませんが、「**自分の仕事を確保する前に、まず外注先を確保する**」のです。そのことによって、「依頼された業務ができなかったらどうしよう」という心配から解放されて、依頼を断ることはなくなるわけです。

自分でできない場合には外注先を複数確保するというのも立派な戦略です（複数といったのは、その外注先の先生がたまたま忙しかったり、他の理由で業務ができなかったりする、あるいはその業務を得意としない場合に備えてのことです）。

ここで書いた考え方は、成功するための思考のフレームワークでもありますから、もう少し詳しく解説しておきます。

あなたが、先輩にタダで仕事の内容を聞こうとします（それが、タダでなくて、菓子折りを持って聞きにいっても、対価を払わなければ同じことです）。

そうすると、あなたに教えることによって、先輩は本来、お金を稼ぐ活動に使えたはずの時間をあなたに投入したわけです。その対価が何もないのでは、教えるメリットがありませんので、断られます。または面倒見がいい方でも、経済的動機以外の後輩育成という動機からあなたに業務を教えるだけです。

もしその先輩とあなたの商圏が同じ場合には、先輩としては、業務を教えたあなたが、今後同業者として自分の顧客を横取りする可能性があるわけです。これを心配するあまり、先輩はあなたに業務を教えることに消極的にならざるをえません。

つまり、タダで仕事の内容を聞こうとすることは、あなただけが得をして先輩は何も得るところがないわけです（WIN－WINの関係ではないわけです）。

ところが、あなたが業務を先輩に外注に出すと、あなたが業務を断ることによってこうむる損失（機会損失＝ある行動をしていれば、得られたであろう利益を享受できないという損失）が防げて、あなたにはコミッション収入が入りますのであなたも得をしますし、先輩も業務報酬が入りますから得をして共にハッピーです（WIN-WINの関係です）。

その場合、後でその業務に関する内容を先輩から教えてもらっても、先輩は既に業務報酬という経済的な利益を受けているのですから、教えることに躊躇はないわけです（また、あなたも解説を聞いていないと、その業務に関してお客さんから質問を受けたときに答えられないと困りますから、説明を受けておく必要がありますよね）。

このようにして、互いにメリットがある状況をつくりながら外注先をつくっていくのが、取引関係を構築していく上での鉄則です。

そうでないと、先輩から無料で教えてもらったのでは、あなたは先輩に負い目を感じるようになりますので、あなたは先輩を一生師匠として仰がなければならないような、ビジネス上不利なポジションに置かれることになります。

そうすると、今後の事業展開に制約をうける可能性があるのです。初期の段階では、まだ事業もそれほど大規模ではありませんので、事業展開上の制約といわれてもピンとこないかもしれませんが、ある段階まできたときに師弟関係による制約をうけることは、大きな損失につながります。

ところが、こちらが外注先として先輩に仕事を出す立場ですと、先輩は仕事を受ける立場ですから、あなたのほうがビジネス上有利な立場になるのです。

交渉事において、成功するための考え方は、

- **相手にリスクを与えないで自分が進んでリスクを引き受けること**
- **相手に経済的なメリットを与えること**

です。このような考え方を基準にした場合には、申し訳なくてとてもじゃないけど、先輩に業務の内容を無料で聞けませんよね。

以前に、こんなことがありました。

ある出版社から、資格者の業務内容についての執筆依頼がありました。このような依頼は、僕のところにはしょっちゅうあります。僕はその前月にも同じ雑誌に記事を掲載しており、さすがに2カ月連続ではまずいだろうということになりまして、他の行政書士を紹介しますという話になりました。

その際、以前、僕に対して批判的な見解を述べていた方がいましたので、ちょうどいいと考え、仕事を出させていただくことにしました。

そうしたら、「自分には、雑誌での執筆経験がないので自信がないためできません」という趣旨のお答えが返ってきました。

その方は僕に対して、批判的な見解を述べた自分に、なぜ僕が仕事を出そうとしたのか理解できないという感じで、電話口でひどく警戒した態度を取られました。

ここでのポイントは、ふたつあります。

交渉事においては、たとえそれが自分に批判的な相手であっても（逆に自分に批判的な相手であれば一層）、相手にメリットのある提案をしていく必要があるのです。相手にメリットを与えれば、そのことによって関係修復にもなるでしょうし、もはや自分に対して批判的な態度は取らなくなるでしょう。

第二のポイントは、その方が仕事を取ろうという強い意欲があれば、「執筆の経験はないけれど、どうしても書かせてほしい」ということで、チャンスをつかみ取ったかもしれないということです。そうすれば、その後のマスコミとのパイプとか事業展開が開けたかもしれないのです。ところが、未経験であることを理由に、その方は、せっかくの提案を断ってしまったのです。

「チャンスは前髪でつかめ」といわれます。いつチャンスが訪れても、100％の自分が発揮できるように準備しておいて、チャンスを確実にものにすることが大切です。また、多少ハードルが高いなと感じても果敢に挑戦していくことが、自分を成長させるのです。

ですから、僕は今まで、こちらにメリットがない場合は別ですが、マスコミの依頼を断ったことはありません。とりあえず、全部引き受けておいて、自分では手におえないという場合には、適切な人物をご紹介することにしています。

5 学歴、資格コンプレックスの人たち

行政書士の資格を取得する方の中には、家庭の事情で大学に進学できなかった、あるいは大学入試の受験勉強に失敗して自分の希望する大学に入れなかったという学歴コンプレックスがあって、その心理的なコンプレックスを、資格を取ることで補い、自分の尊厳を取り戻そうという目的で行政書士の資格を取得している人がいます。

そのような人たちが行政書士の資格を取って何か変わるのでしょうか？

学歴のコンプレックスを資格で補うなんて、木をもって魚を求むだとおもいます。資格でコンプレックスを拭い去ることなどできないのです。

行政書士になったらなったで、司法書士や弁護士、税理士、会計士などに見下されて、資格者として認めてもらえなくて今度は資格コンプレックスでしょうか？

あるいは、お客さんに、「あなた、弁護士かとおもって連絡したのだけど、ちがうんだったら結構です。近所に知り合いの弁護士がいるからそっちに頼むわ」といわれて、また資格コンプレックス？

そういう方は、行政書士になったら、今度は司法書士に見下されているのではないかと

いう被害者意識で司法書士を目指し、司法書士になったらなったで、今度は弁護士に見下されているのではないかと弁護士を目指します。もう、資格取得自体が自己目的化してるんですね。

資格は、そもそもメシを食っていくための手段ではないのでしょうか？

そんな人たちは、学歴オタク、資格オタクといわざるをえません。

往々にしてそのような方は、コンプレックスの裏返しとして、資格を持っていない人間に接するときには自分が行政書士だということで、法律家として妙に威圧的な態度に出ることがあります。その反面、いったん相手が司法書士、弁護士だとわかると急に態度がおとなしくなって何もいえなくなる傾向にあります。

弁護士や司法書士に自分とは違う法律的な見解を主張されると、相手がいったことを鵜《う》呑《の》みにして、自分が間違えているのではないかと思い込んでしまう。自分の頭で考えないで、相手の資格の威光を信じてしまうためでしょうね。そんな生き方をしていて、自分でカッコ悪いとおもいませんか？

お客さんからみれば、何士であろうが、今自分が悩んでいる課題を解決してくれる人がありがたいのであって、何士かは関係ないのです。

自分が何士か気にしているのは、実は行政書士の側なのです。お客さんは、行政書士がおもうほどには気にしていないものなのです。行政書士と司法書士の違いがわからない方も多いと思います。

仮に資格に上と下があるとすれば、それは経済的な成功をしているかどうかです。どちらがより稼いでいるか、それが社会の共通の言語です。

実際、僕もこれまでに、何人かの税理士、司法書士、弁護士に行政書士を見下す発言をされたことがありましたが、その方たちには収入で負けていませんでしたので、「悪いけど、あなたいくら稼いでるんですか？」と切り返すと、そのような方は大抵は急におとなしくなりました。

なぜかというと、資格をひけらかす方は、立派な資格を持っていてその程度の経済力しかないのですから、そっちのほうがよっぽどカッコ悪いということに、改めて気づかされるからです。そうなると、上位の資格を持っているという意識が逆に作用してしまうのですね。物事の見方の枠組を変えさせるわけです（これをリフレーミングといいます）。

相手に見下されることは、とてもいいことです。この見下されたという意識が、エネルギーとなってあなたの経済的な成功の原動力になったときに、あなたは大きな飛躍を遂げるでしょう。

あなたも、この本の知識を活用して経済的に成功し、行政書士の社会的な地位をぜひ高めてください。

6 行政書士の強みが最高に生かせる市場とは？

「法律サービス」というマーケットにおける行政書士の位置づけはどのようなものでしょうか？　「法律サービス」といっても幅広いので、対象を士業に絞り込んで考えてみましょう。

たとえば、「相続手続」を例にとって考えてみます。

「相続手続」というサービスを考えた場合に、関係しそうな士業としては行政書士、税理士、司法書士、弁護士があげられます。

これらの士業は、相互に重なり合う業務部分を持ちつつ、独自の業務を行っています。

相続人間に紛争が生じておらず単に遺産分割協議書の作成をする場合には、遺産分割協議書の作成は行政書士が行います。

相続不動産の登記がある場合には、司法書士が登記手続をします。

また、司法書士は不動産登記とあわせて遺産分割協議書を作成したりもします。

遺産分割について、相続人間で分割方法などでもめていて調停や裁判が必要と判断される場合には弁護士が手続をします。

しかし、紛争がない場合でも弁護士が手続をする場合もあります。

このように、業務分野は相互に重なり合っているわけです。

相互に重なり合う部分を業際《ぎょうさい》といい、士業同士がいつも小競り合いをしています。

この中で、行政書士はどの市場を狙うべきでしょうか？

それを考えるためには、さらに相続財産別の分類をする必要があります。

相続というものを相続財産額で分類した市場として見た場合には次のとおりです。

相続税が発生する客層は全相続人の5％程度です。これは、相続額にすると（被相続人の数によっても違いますが）、だいたい相続財産額にして9000万円以上の顧客です。

この顧客層に対して、弁護士、税理士、司法書士が群がっているわけです。

通常は、この顧客層はもともとお金を持っていますから、大抵はすでに顧問税理士がついていたり、顧問弁護士がいたりします。

このように、顧問がついている層に対して、行政書士がアプローチしていくとしても、この客層においては、ブランドとか信頼性が重視され、価格は二次的なものですから、ブランドで戦うことは相手のルールで戦うことになり、分が悪いのです。

行政書士の中には、弁護士など他士業と知識で勝負しようというアプローチの人間が多くいますが、戦略的に間違っているといわざるをえません。知識において弁護士や司法書士と戦うことは相手のルールで戦うことになりますので。

行政書士の強みは、後に述べるように、その価格競争力にあるわけですから、自分の土俵で勝負しなければなりません。

このことについて、わかりやすくいうと、ベンツを買いたいお客さんに、日本車がいくら安いですよといっても、勝ち目がないということです。ベンツを買う客というのは、ベンツが高いから、その高いベンツを買える自分のステータスに価値を感じているわけです。ベンツというブランドと信頼性がほしいのです。

そんな客に、価格でアピールしても何の意味もないわけです。

行政書士が強みを生かして戦えるのは、富裕層を対象とするブランドの世界ではなく、価格訴求の市場です。

話を相続に戻しますと、相続人の中で相続税がかからない残りの95％の層は、お金がなくて通常は自分で相続手続をするので相続業務が発生しないといわれています。

そのような相続人の層であっても、相続で困る場合があるという点では、同じではないでしょうか？　相続手続で困るという状況は、相続財産の多寡《たか》によりませんので。その際に、低価格で業務処理を請け負えば、ニーズはあるとおもいませんか？

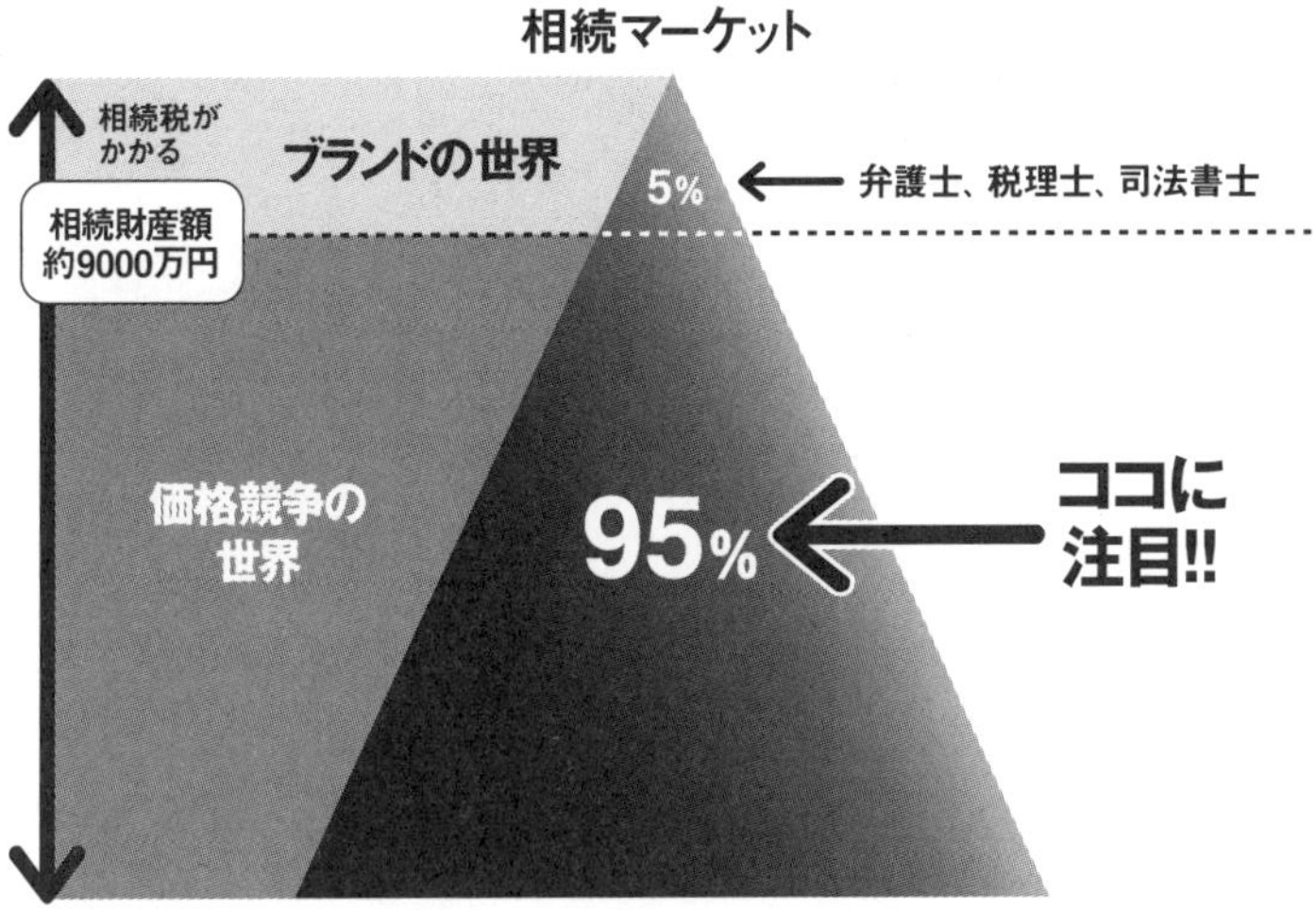

ただ、これまでそのようなターゲット層に的をあてたマーケティングがされてこなかったので、ニーズが顕在化していなかったのではないかということです。

相続税のかからない95%の層は、弁護士、税理士、司法書士がターゲットとする層ではありません。ターゲットにするとしたら、行政書士がターゲットにすべき層なのです。ところが、そのような訴求をしてこなかったのが、行政書士です。

他の士業ではできないくらいの低価格でのサービス提供が可能なのが行政書士です。なにせ、年収250万円の方がごろごろいる世界ですから、価格競争力はめっぽう強いわけです。

行政書士にとっては、この市場こそが自分

たちの土俵であり、この市場においては、どんなに弁護士が頑張ったとしても価格競争力において、限界があります。弁護士は行政書士には勝てません。

ですから、1件あたりの客単価は低くても、低コストでの業務処理に徹して業務フローをシステム化（流れ作業化）して大量処理していけば、ここに十分勝機はあるのではないでしょうか？

なんといっても、数において圧倒的多数の95％を対象にするビジネスなのですから。

どうです？　ブランドの世界において、勝ち目がないようにおもえた行政書士が、低価格帯の市場においては、独壇場であるということがわかっていただけたとおもいます。

これこそが、マーケティングというものです。**自分の強みを生かせる市場で、自分のルールで戦うというのが商売の鉄則**です。

実際、僕はこの層にターゲットを定めて、相続問題連絡協議会という全国団体を起ち上げ、これまで業務の展開をしてきましたが、この層のニーズは確実にあります。

資格コンプレックス、学歴コンプレックスにとらわれていたのでは、この価格競争という視点に気づかずに、行政書士が本来備えていないブランド力を求めることになります。

そうすると、司法書士、弁護士へと、より上位の資格を目指そうという発想になってくるわけです。

しかし、物事にはかならず二面性があります。ブランド戦略をとることと、価格競争は相矛盾しますので、両立はできないわけです。相手にない強み、自分のルールで戦うというのは、成功するための思考のフレームワークです。

商売はなんでもありのバトルですから、自分に有利な土俵で**勝ちやすきに勝てばいい**のです。

今は、相続を一例に挙げてお話ししましたが、商材はマーケティングの視点から探していけばいくらでもあります。要は、あなたの思考のフレームワークを変えて、物事を多面的に見るだけで、いくらでも儲けのネタはころがっているのです。

数千種類はあるという行政書士の業務です。新たな商品企画をしていくことが、即利益につながります。あなたも、業務一覧表を見ながら思いをめぐらしてみてはどうでしょう。

僕が行政書士の市場に本格参入しようとしたのは、この重なり合っている法律サービスの市場の中で、行政書士の業務が「モジュール（部品）化」に適していて、かつマーケティングの工夫がまったくなされていない弱者の市場であるため、参入しやすいとおもったからです。「モジュール化」については、パート8で詳しくご説明します。

強者の市場は熾烈な競争にさらされ、マーケティングについても誰もが成熟した技術をもって戦っていますので、巨額の投資、高度な技術をもってしても、その中で勝つことは容易ではありませんが、**行政書士業界のようなマーケティングの工夫、商品企画の工夫がほとんどされていない業界では、少し商品戦略・価格戦略・市場戦略を練るだけで、新人行政書士の方でもすぐに頭ひとつ抜け出すことができます。**

行政書士が稼げないのではなく、これまで行政書士はマーケティングに関して何もしていなかったから稼げなかったというのが正しい理解ではないでしょうか。

現に、前述した僕の業務依頼に応募してきて、ほとんど仕事がないと答えた新人行政書士の方たちは、僕から見るとマーケティングを何もやっていない状態でした。マーケティングを何もやっていないのですから、仕事がないのも無理はありません。

さて、物事を考えるときには、**市場のゆがみ**について考えるようにしてください。市場のゆがみを見つけることは商売をする上では大変に重要です。

たとえば、お風呂のお湯は、ただ上から見ているだけの状況では、まったく同じように見えます。

ところが、実際に手を突っ込んでみると、表面の温度は高くお湯が熱いのに対して、底のほうは温度が低かったりしますよね。このお風呂のお湯のように、市場はまったく均質ではありません。どこかに必ず弱い部分、攻略しやすい部分があるわけです。

この弱い部分を攻めて、「**勝ちやすきに勝つ**」ほうがいいとおもいませんか?

これが、すべてのビジネスを考えていくにあたっての基本的な考え方です。

同じ1000万円を稼ぐのでしたら、大変なおもいをして競争が激しい世界で稼ぐ1000万円より、あまり競争がなく、楽して稼ぐ1000万円のほうがいいですよね。

僕は最初に行政書士をやろうと考えたときには、平均年収が300万円だとか、廃業率が高いとかの行政書士業界に関する基礎的なデータは知っていましたが、確かめもせずにその情報を鵜呑《うの》みにするようなことはしませんでした。

「偏見なく、まずお湯に手を突っ込んでみないと本当のところはわからないな」＝「どこかに、市場のゆがみがあるかもしれないな」と考えたわけです。

偏見なく物事を見ることは非常に大切です。人は先入観とか固定観念によって、目の前にあるチャンスに気づかない場合が多いですから。

それで僕は、「露天のみやげ物屋をひやかす」ような感覚で、まず中に入って行政書士の市場というものを覗いてみました。

その結果が、さきほど相続の例で述べたような市場分析でした。

物事を最初からダメだと決めつけてかかる人間には、決して勝利の女神は微笑みません。

まず、偏見とか先入観にとらわれずに、自分の目で耳で確かめてみる習慣をつけてください。

PART 2 成功するための心構え

1 お金を捨てる勇気を持とう

「行政書士として十分な売り上げをあげられるようになるために必要な、精神面での心構えをひとつあげてください」という質問があったら、僕はあることを真っ先にあげるでしょう。

これは、頭で理解していても、最初はなかなかできないことです。ですから、行政書士を開業するにあたっては、まずこの点を確実に実行するようにしてください。でないと、僕がせっかく集客技法についていろいろとご説明しても何の役にも立たないからです。これを実行しないと、「あ〜いいこと聞いたなあ」で終わってしまいます。

ほんの小さなハードルなのですが、儲かっていない人は、必ずといっていいほどこれが実行できていません。

また、逆に儲けている人でこれが実行できていない人はいません。

この小さなハードルとはなんでしょうか?

「**お金を捨てる勇気を持つ**」ことです。

お金を捨てるといっても、完全に無駄にするわけではありません。

これから話していく、**売り上げをあげるための小さな実験（大抵は広告だとか小冊子などのセールスプロモーションに必要なツールに使うためのコストですが）に躊躇なくお金を使ってください**というだけの話です。

躊躇なくです。

どのくらいの金額を使えばいいのかというと、月額10万円程度~体力がついてくれば数十万円くらいです。しかも、その金額は全部無駄になるわけではなく、大抵いくらかは戻ってきます。うまくいけば、投入した金額の数倍から数百倍にもなって戻ってきます。

そして、その戻ってくる確率は、少なくとも宝くじに当たる確率よりはいいですし、マーケティングの練習を重ねることにより、どんどん上がってきます。

でも、その投入した金額が戻ってくることは誰も保証してくれません。

あなたの行った実験は、最初は的をはずすかもしれませんが、何度も練習を繰り返すことによってどんどん上達して、最後は相当の確率で狙いがヒットするようになります。

成功者としての第一歩は、この〝お金を捨てる練習〟からはじまります。

月額10万円程度～数十万円と聞いて、さっそくお金を捨てる勇気がなくなった読者の方もいるかもしれません。そのような方も、最後までこの本を読んで、お金を捨てることの意味を理解するように努力してみてください。

「捨てるお金なんてない」とおっしゃるあなた、開業資金は国民生活金融公庫が非常に低い金利で融資してくれますから、借入れを起こしてください。

その借金をすることさえイヤだというあなた、65ページからの「2 借金ができない人は商売をやめなさい」を先に読んで、借金の必要性の意味を理解するように努力してみてください。それができないと、成功への最初の扉さえ開けてもらえないのですから。

さて、お金を捨てることの実例を見てみましょう。

たとえば、僕が行政書士を開業してから一番最初に出したのは、東京近郊で発売されている夕刊紙の5行案内広告です。

この夕刊紙の広告料金は、1カ月毎日広告を打っても、たったの8万円くらいだったと記憶しています。

僕は半年間打ちましたので、この期間の広告費用は8万円×6カ月＝48万円ですね。

広告費用の他に集客のためにかかった費用としては、「会社設立がしたい」とか、「許認可の取得がしたい」など、広告を見て資料請求をしてきたお客さんには全部無料で資料を差しあげていましたから、その資料が、1回あたり切手代込みで200円くらいかかっていました。全部で7200円でした（今では、会社設立のCD－Rを1枚9800円で販売していますが、当時は全部無料での資料提供でした。なぜ無料で資料を提供していたかというと、広告からの絶対的な反響数が少なかったため、リストの構築のための見込み客名簿の収集に力点を置いていたからです。今では、こちらがお客さんを選ぶ立場になりましたので、無料でのオファーは一切していません。資料を無料で提供するか、CD－Rを販売して広告費が完全にペイできるかどうかは、実は最終的には大変大きな違いになってきます）。

あとは、資料請求をしてきた見込み客の方たちと打ち合わせをするときのお茶代がかかったくらいですから、全部合わせると、だいたい50万円くらいを実験に使いました（最初僕は、自宅を事務所として開業したため、打ち合わせは喫茶店でやっていました）。

この毎月8万円という金額を、あなたは躊躇なく捨てられますか？

夕刊紙の広告をはじめたとき、僕は妻にずいぶん叱られました。

「そんなに広告にお金を使って、もし1件もお客さんがこなかったらどうするの？　だったら、そのお金でわたしにバッグでも買って！」（今では、妻の理解も得られまして、月間の広告費が100万円を軽く超えていますが、何もいわれません）

妻のいっていることは、正常な主婦感覚ですね。家計を預かる主婦としては合格です。これが、「8万円なんて少ないから、もっとどんどんやりなさい。100万円くらいぶっ込んだらどう？」なんていう奥さんだと、逆にちょっと心配ですね。

あなたがサラリーマンだったら、毎月8万円捨てるということはかなり痛い出費かもしれません。

でも、あなたはこれから行政書士事務所を開業する（あるいは、既に開業している）自営業者ですよね？　自営業者である行政書士が、たかだか8万円の広告費を捨てられないなどということは、絶対に許されません。

ここまで読んで、今あなたは、まったく反響がないかもしれない夕刊紙の5行広告に8万円ものお金を捨てる決心ができましたか？　広告を投入する時点での情報は実際の現場ではこれだけです。

誰もこの8万円が戻ってくるという保証はしてくれません。広告の反響があるかどうかもわかりません。まるっきり反響がなくて、あなたは広告を出すことによって、この8万円全額を損してしまうかもしれません。

もし今、あなたに8万円の広告費を投資するという決定が躊躇なくできないとすれば、あなたによほどの幸運か人脈がない限り、残念ながら永久に成功のきっかけは閉ざされています。貧乏行政書士としての道を歩みつづけることになります。

今ここで意識を変えて、広告費を投資するという決定が躊躇なくできるようにならなければ、この本は行政書士の書類書きの実務を勉強する本じゃないですから、読むだけ時間の無駄です。「あ〜いい話を聞いたね」じゃあ、何の意味もありません。いい話を聞いても実行しなければ、何も変わらないからです。これができない人が、年収300万円以下の世界で甘んじているわけです。

話を元に戻しまして、夕刊紙の話の続きですが、最初広告を出したときは、売り上げにブレがありましたので8万円の広告費を回収するだけの収支トントンの状況でしたが、6カ月通してみたときには以下のとおりになっていました。

半年経過後の段階で月額3万円の顧問をしている先が2件、このお客さんの紹介で月額5万円の顧問をさせていただいている会社が1件、またまたこのお客さんの紹介で月額30万円の仕事をしている先が1件でした。あと、会社設立と貸金業登録のお手伝いをさせていただいた方が1件ありました。

1件は築地場外の魚屋さん、1件はインターネットの会社、1件は水道工事の工務店、1件は印刷屋さんです。その他、数カ月の間、月額20万円の仕事をさせていただいていた医療法人が1件ありました。

合計しますと、だいたい年間にして500万円くらいの売り上げですね。

50万円の広告費投資に対して、500万円の売り上げです。これは、投入金額の10倍くらいの売り上げがあがっている計算です。夕刊紙の5行案内広告としてはまずまずなんじゃないでしょうか。

大抵の方は、それを聞いて「だったら、やります」と答えるでしょう。

それじゃダメなんです。

「儲かるのなら、広告を出す」とか、「いくら確実に売り上げがあがるのなら、広告を出す」とか、元本保証されたサラリーマンみたいな考えをしていて、リスクを負う習慣がないと、いつまでたっても集客の技術が上達しないからです。

「保証」という考えを持っているのであれば、行政書士なんか廃業しちゃって、サラリーマンとして月々決まった給料と老後の退職金を楽しみに生きていけばいいだけです。

なにも、失敗するかもしれない、収入の保証のない行政書士なんかやっていく必要はないのです。

話を元に戻しますが、大抵の人はその半年間の広告を出し続けることができず、途中で挫折するのです。なぜでしょう?

どんなところで挫折するかというと、

その1 広告費以下の収益しかあがらないとして、収益の計算を誤る場合

最初の売り上げが安定しない状態のときに、8万円投入して、利益が8万円以下しか得られなかったとか、1円も得られなかった場合に、そのタイミングで広告をやめてしまうのです。

なぜ売り上げが安定しないかというと、広告の文案を試行錯誤しながら、より反響がいいものへと少しずつ変えていくからです。

広告を打つのをやめてしまうと、これまで広告費に使っていた8万円は払わなくてすむようになりますから、その意味では計算上は8万円得しますね。

でも、8万円がもったいないなんていう人はいつまでたっても、それほど大きな失敗はないかもしれませんが、大きな成功もありえません。

試行錯誤のお金がもったいないという考えでは、うまくいくはずのものもうまくいきません。試行錯誤に使ったお金は将来に向けた「情報の貯金」だとおもわないといけません。

仮に、広告の反応が悪くても、少なくともこのような広告は反応が悪いのだという情報は入手できたわけですから。

広告の文案が一発で当たるというのはめったにありませんから、小さくテストして反響率を見ながら、反響が出始めたときに大きく投資する方法を取る必要があります。

テストの段階では小さく、反響がとれるようになったら大きくやるわけです。

実際、初回に利益が8万円以下しか得られなくても、リピーターになったお客さんから最終的にいくら回収できるかを考えていかないと、初回から儲かることだけ考えていては、どのようなプロモーションをやっても成り立たないことが多いのです。

新人行政書士の方が広告の良し悪しを判断するときのそもそもの間違いは、たとえば10万円を投入して、会社設立で1件8万円の利益を獲得したときに、損をしたと考えることです。

たしかに、会社設立での利益は8万円しか得られないかもしれません。その意味では、初回の業務による利益だけ考えれば、10万円を投入して、8万円の利益ですから、2万円の損かもしれません。

ですが、会社を設立したら月2万円で会計記帳を受託すれば、2×12で年間24万円は入るじゃないですか？

それを考えれば、８万円の設立＋1カ月以上の会計記帳が取れれば、広告費の10万円は回収できるわけです。

また、設立後にはその会社が、国民生活金融公庫で、新規開業資金を借りるときの手伝いだってできます。たとえば、３００万円の融資の申し込み書類を作成して、成功報酬制で15万円取ればいいのです。

そこで、融資の際に、融資の条件として許認可が必要ということになると、その手続だって取れるわけです。

そのような、**その取引全期間に渡ってトータルでいくらのお金を落としてくれるか、LTV＝ライフタイムバリュー（生涯価値。顧客が一生を通じて落としてくれるお金のこと）を考えて広告の効果を考えていく必要があります。**

士業というものは、相手がよほど不満を持たない限り、ブランドスイッチ（銘柄・業者の変更）は起こりにくい業種です。飲食店なんかだと、気に入っている店でもしょっちゅういっていているうちに飽きてくるということはあります。そうすると、顧客満足が得られていても、ブランドスイッチが起こる可能性があります。

ところが、士業の場合は、いったん決めた業者は継続的に使い続けてくれる可能性が高いのです。それは、新しい業者を探すことに対して取引コストがかかるからだといえます。その意味で、既存の取引先をきちんとフォローして継続的な収益をあげていくことは大切な戦略です。

また、その顧客からの紹介だってあるかもしれませんので、そこまで計算に入れて考えていく必要があるわけです。

その2 反響がゼロで、反響があるまで辛抱強く試行錯誤できない場合

広告の反響が全然なくて、ヒットするまで耐えられずに挫折するのです。

広告の反響がないと、この反響のない状態が永久に続くものだと錯覚して、もう少し続ければヒットするのにやめてしまうのです。もともと1カ月で数件しか反響がない場合には、週によっては、反響ゼロの週もあるかもしれませんが、それをいちいち気に病んでいてもはじまりません（※注　1カ月やって反響ゼロの場合は商材にもよりますが、広告内容に問題がある場合が多いようです）。

もしかしたら、広告を出した日は、週末だったから、あるいは給料日前だったから、その他の外部環境の要因で反応がなかったのかもしれません。

あるいは、広告のクリエイティブな面（デザイン表現や文章）の訴求力が弱かったから

なのかもしれません。

1回やってうまくいかなかったからといって、永久にうまくいかないわけではないのに、折り込みをやってうまくいかなかったという体験をすると、それを普遍化して折り込み全体がマーケティングの手法としてダメだと結論づけるようなミスをしてしまうわけです。

折り込みで稼いでいる人はいくらでもいるでしょうし、「あなたが、その日にやった、その折り込みはダメだ」という事実以外には何ひとつ証明されたものはありません。折り込み全部がダメだと結論づけるには、論理の飛躍があるのです。「夜明けの前は一番暗い」といいますが、うまくいく直前でやめてしまう人に成功はありません。

パチンコの台と同じで、あなたがダメだとあきらめてやめたすぐ直後に、他の人がやってきて、同じ手法を使って、フィーバー（大成功）する可能性だってあるわけです。

反応がゼロだからダメだと結論づける前に、辛抱強く試行錯誤をしてください。

その3 資金的に余裕がない場合

別のパターンとしては、お金に余裕がない場合です。

お金に余裕がないと、ついつい当たるかどうかわからない広告よりも、支払などの目先の運転資金にお金を使ってしまいます。8万円投入して8万円以下の戻りしかないと、お金がもったいないと感じて、広告費を削ったりするわけです。

事務所を始める場合には、国民生活金融公庫からの借入れにせよ、自己資金にせよ、ある程度余裕を持った資金計画を立てないと、うまくいく前に干上がってしまいます。うまくいきそうになって、資金不足で行き倒れになるのはもったいないですよね。

支払のうち、期限が迫っていないもの、支払期限を先延ばしにできるものは、すべて先に延ばして、借入れができるのであれば借入れをして軍資金をつくってください。

このように、その1からその3まで、いろいろな理由から、最終的には50万円の投資に対して500万円のリターンがあるかもしれないのに、その500万円をきっちりと、ものにできない人が多いのです。

ここが、成功と失敗のわかれ目なのです。

繰り返しになりますが、「50万円の投資で500万円儲かるとわかっているんだったら50万円出すよ」と、あなたはいうかもしれません。

最初からわかっていたら、誰だって50万円出します。そうではなくて、**誰も保証してくれないところにお金を躊躇なく捨てることが大切**なのです。

保証を求めているのでしたら、サラリーマンをやっていればいいのです。

変動することこそが、自営業の楽しみなわけですから。

2 借金ができない人は商売をやめなさい

僕は、通常の会社経営者の方には、「CPO（1件あたりの顧客獲得コスト）がぴったり合うように広告費を投入しましょう」とか「媒体別の効果測定をしながら、徐々に媒体を拡大していきましょう」とか、広告への投資に対しては保守的にアドバイスをします。

会社経営者の方にとっては、数千万円から数億円の事業資金の借入れは当たり前です。仕入れから代金決済までの運転資金は当然必要だからです。

また、集客をするには一定の広告費を投入する必要があることについても、会社を経営していれば当然理解されていますので、僕のほうでは「CPOが合うように、テストマーケティングを繰り返して、実験と検証をしながら段階的に広告費を投入してください」という保守的なアドバイスで足りるからです。

過大な有利子負債は別として、適切な借金は事業運営にレバレッジ（梃子《てこ》の力）を利かせるには不可欠なものです。

つまり、大雑把にいえば、借入れ金の利息より借入れ金を投下して得られる利益のほうが大きい限り、自己資金だけで事業を展開するよりも借入れ金を導入したぶん、利益がたくさん得られるわけです。

たとえば、借入れ金の金利が年利15％で、借入れ金を使ってあがった売り上げの年間の収益率が35％の場合、差額の20％分は、借入れがあったから得られた利益です。

自己資金からあがった売り上げは、丸々35％が利益ですが、自己資金と同額の借入れを起こした場合には、これとは別に20％の利益があがるわけです。

この部分は、本来自己資金だけで事業運営をした場合には得られなかった収益ですから、借入れ金の梃子《てこ》の力が働いたわけです。

実例をあげてみます。自分が１０００万円を投じたとしますよね。これを使って広告を打った場合に、最終的に35％の利益があがるとすると、３５０万円の儲けです。

自己資金だけで事業をすると、利益はこれだけです。

ところが、自己資金の他に、もう１０００万円借りてくるとします。そして、この１０００万円を投じた場合に３５０万円の儲けがでて、そこから１０００万円を借りてくるための15％の金利コスト１５０万円を引くと、借入れによって得られる利益は２００万円です。

そうすると、自己資金だけでやっていた場合に、３５０万円しか儲からないのが、自己

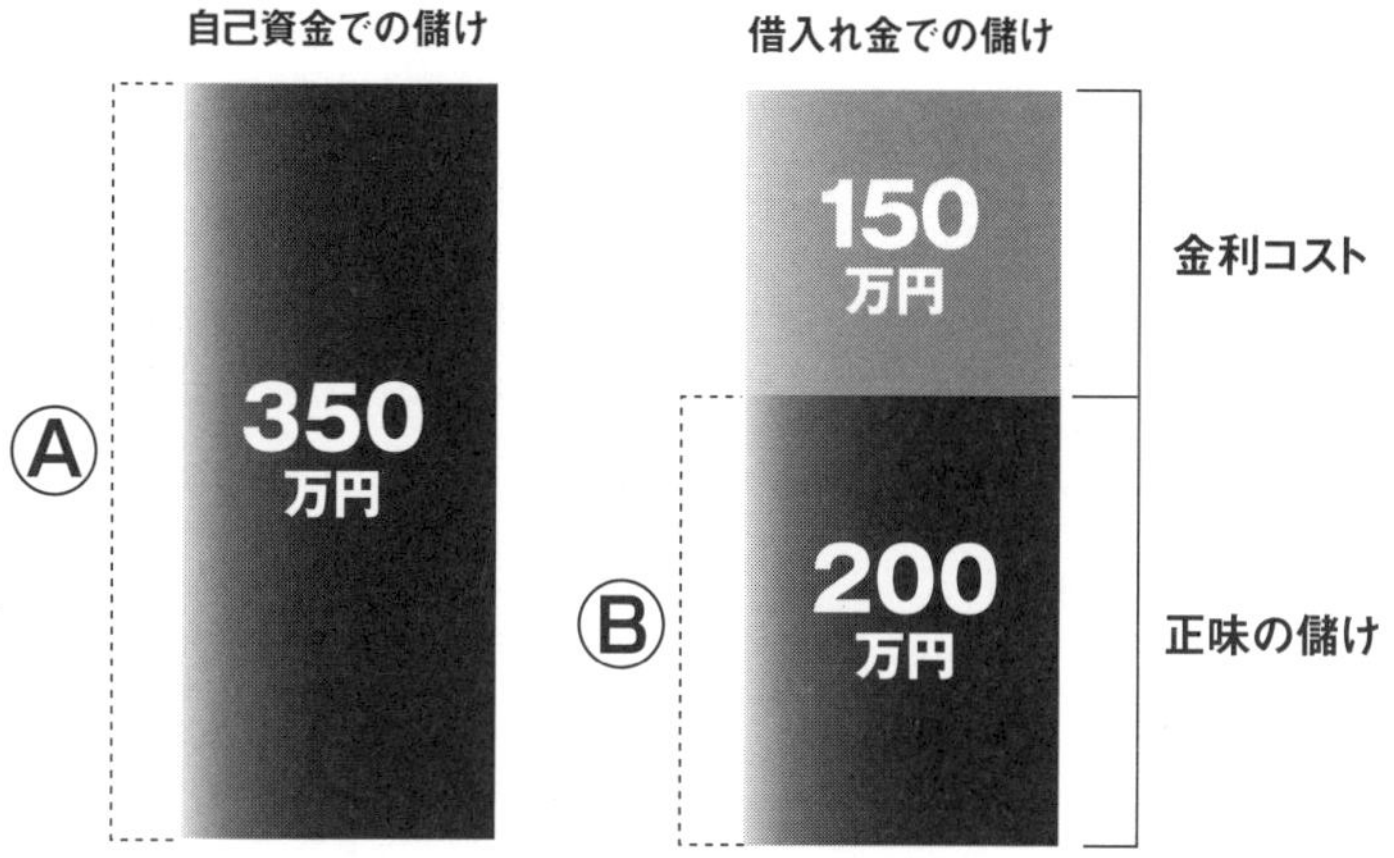

Ⓐ＋Ⓑ＝550万円＝自己資金と同額の借金をした場合の儲け

資金プラス自己資金と同額の借入れ金にした場合には、350万円＋200万円で550万円儲かるわけです。

とすると、自己資金だけでやっていた場合にくらべて、利益は57％も余分に取れるのです。

調達金利15％というのは、かなり高めに見積もってまして、国民生活金融公庫の金利が1％台ですから、国民生活金融公庫で足りない分を銀行系カードローン、それでも足りない場合に商工ローンから借りてきた場合でも、平均したら、調達金利はこれくらいのものでしょう。

これほどまでに高金利のお金で事業を展開していても、まだ自己資金だけでやるよりも借入れ金を導入したほうがいいのです。

この、梃子《てこ》の力を利かせるために借入れを起こすということは、会社を経営されている方でしたら、みなさん当然にご存じです。**お金のために働くのではなく、お金を働かせる**のです。

これが、財務レバレッジと呼ばれる、お金を働かせる方法です。

ところが、行政書士の業界は世間の常識が通用しない異常な世界です。なまじ、紙と鉛筆があれば商売ができるように見えるためでしょうか、「広告費など1円も投入しないでも天からお客さんが降ってくる」と考えている方が非常に多くて、最初僕はカルチャーショックを受けました。

「広告にお金を使わない人たちは、一体何を考えて毎日を生きているのだろう？　貧乏生活に耐えて、お客さんがくるのを蜘蛛のように腹をすかせてじっと待ってる暇があったら、なぜ借入れをして広告費を投じないのだろう？　広告も打たずに、どうやってお客さんが自分たちの事務所のことを知るとおもっているのだろう？」

僕の頭の中は、疑問符でいっぱいでした。

僕は、開業のときにジャンプスタートをかけるために、国民生活金融公庫から300万円を借り、全額広告費にぶち込んで集客をしようと考え、行政書士事務所を始めました。

結婚したばかりで出費が重なり、年収1300万円の会社も辞めていましたから、手持ち資金はゼロで、マイナス300万円の借金からのスタートです。

でも、実際には最初の300万円を使いきる前に急速に浮上して、最初の1カ月の売り上げは100万円を超えました。

事務所の賃料にお金をかけるのはもったいないので、自宅で仕事をやっていましたが、広告には躊躇なくお金を使いました。事務所にお金をかけても事務所がお客さんを連れてくるわけではありません。しかし、広告は確実にお客さんを連れてきます。

ほどなくして、追加で600万円借りてさらに投資規模を拡大しましたが、このときにも負債によるレバレッジ効果を十分に活用しています。

そのあとで、法律書籍の出版によるプロモーションのため、追加で銀行から800万円の融資を受けています。

事業をやる以上は、それが一般的な姿ではないでしょうか。

ところが、行政書士を開業するにあたって、借入れゼロで自己資金だけで、広告も出さずに細々とやって、自己資金がなくなった段階でアルバイトで食いつなぐ……それでもダメで結局廃業する方のなんと多いことか。それでは、アルバイトが本業なのか行政書士が本業なのかわかりません。

この人たちに「**お金を働かせる**」という知識さえあれば、そこまでひどい状態にはならないのでしょうが……。

繰り返しになりますが、広告費を投入しないで、プロモーションをすることなしに、あなたの事務所のことを誰も知ってはくれないのです。実は、広告を出さないで顧客の紹介だけに頼ろうという考えのほうが、よっぽど高度なマーケティング技術が必要です。

MGM（メンバーゲットメンバー＝顧客紹介制度）の確立のために、どのような紹介ツールを開発すればいいのか？　商材自体は、紹介制度に適切なものか？

たとえば、会社設立でしたら、顧客紹介を得られる可能性が高いでしょうが、離婚の協議書を作成するなどの業務は日常の話題にも上りにくいし（話題にすることがはばかられるし）、紹介を受ける人間が離婚をしようとしているかどうかなど、よほど親しい間柄でなければわからないでしょうから、顧客紹介制度には向きません。

また、紹介のためのツールにしても無料相談券を紹介者から手渡してもらうのか、商材について解説したブローシャー（小冊子）を手渡してもらうのか、どのようなタイミングで顧客紹介を依頼するか、顧客紹介の特典はどうするのか、特典は、紹介した人だけにあげるのか、紹介を受けた人にもあげるのか、など、通常広告を打つよりも複雑な仕組みを考えていく必要があります。

顧客を単発で紹介してもらって、「よかった」というのは、商売ではありません。システマチックに常に新規顧客を獲得する仕組みを確立しなければ生きていけません。紹介のみに頼って事業を展開していくというのは、相当数の顧客ベースがつくり上げられた段階では可能かもしれませんが、それ以前のまったく既存顧客がいない状態では取るべき戦略ではありません。そもそも、クチコミをしてくれる母集団が少ないのですから。

また、顧客の紹介を受けるにしても、紹介特典のプレゼント、紹介ツールの開発コストなどがかかるため、まったくの無コストというわけではありませんので、顧客紹介に対するCPO（1件あたりの顧客獲得コスト）をきちんと計算する必要があるわけです。

その意味では、顧客紹介制度をつくり上げるよりも、広告で集客したほうが随分楽なのです。

この顧客ベースを持たずに、顧客紹介に頼って仕事を取っていこうという手法には無理があるのです。

さて、借金ができない方は、行政書士をやっていてもうまくいきませんので、廃業することをおすすめいたします。

借金は健全な投資である場合には、なんら悪いものではなく、それが収益をあげる、「梃子《てこ》」の役割を果たします。それが、先ほどご説明した財務レバレッジです。

借金がいけないというのは、給料が一定に決まったサラリーマンが、収益を生まない**消**

費活動に使うために借金をする場合のことをいうのであって、消費活動のためではなく、お金を働かせて収益をあげる活動の場合にはそれによって、収益を生み出せる限り、どんどん借金をすべきです。

サラリーマンにおいては、借金の目的が、収益の獲得を目的としない消費活動なので、借入れを起こしてまで消費を続けるというのはおすすめできませんが、事業者になってまでサラリーマンの金銭感覚を引きずっていてはうまくいきません。

自分自身の借金に対するイメージを180度転換する必要があるのです。

新規開業者でしたら、国民生活金融公庫で創業者向けの借入れができますし、少し経てば信用保証協会付で銀行からも低利での融資が受けられるようになります。

行政書士で成功するためには、借金は悪だというサラリーマン時代の固定観念を捨てる必要があるのです。

そのようにお話ししますと、「借金をして、もし返済できなくなったらどうするのですか？」というご質問をされる方がおられますが、そういう方でもちゃんと法律の勉強をしていて、自己破産とか特定調停という債務整理のシステムを知っているはずです。

自己破産をしても、復権を得れば再度行政書士にはなれます（行政書士法第5条3号）。貯金を食いつぶしてアルバイトで食いつないで結局行政書士を廃業するのと、借入れ金で広告を打って、果敢に集客にチャレンジして結果的に失敗して食えなくなったのとでは、両方とも食えないにしても、チャレンジした分だけ借入れ金で広告を打ったほうが、その分得られるものがあるとおもいませんか？

そうすれば、失敗したとしても、その学んだことを生かして、もう一度再起を図ることができるわけです。次は失敗しないように、前よりうまくやろうと考えられるわけです。なにもせずにじっとしていて、お金が尽きてしまった場合には、得られるものは何もありません。

兵糧攻めにされて何もしないで死ぬよりは、チャレンジして仮に失敗しても討ち死にするほうがいいでしょう？　僕だったら、絶対にチャレンジするほうを選びます。

法律家というと堅実なイメージがありますが、行政書士といえども自営業者ですから、給料が保証されている国家公務員でもなんでもないのです。

よく僕はスタッフに「僕は1万円札をライターで燃やしながら生きているのです。今鳴った電話1本のため、今きたメールひとつを受け取るために札束を燃やした結果、それらの問い合わせがきているのです」と説明するのですが、そのようにして借金をして広告を出して収益をあげ、その借金を返済して……という事業サイクルの中で、行政書士業務を展開していかない限り、事業の発展はありません。

サラリーマンの場合は、待っていれば給料が落ちてきますが、それは、サラリーマンに代わって社長が借金というリスクを負って、広告を投入して売り上げを出しているからです。

だから、リスクを負っている社長が高い報酬を得るのは当たり前なのです。サラリーマンは、安定した給料と退職金を保証される代わりに利益の大部分を社長にもっていかれているのです。

開業したら、誰も給料をくれませんし、なんの保証もありません。その代わりに、適切に広告費を投入すれば、毎日が給料日、毎日がボーナスであったりするのです。毎日が給料日という人生の可能性があるということは楽しいことではありませんか?

物事は、明るい面に目を向けて前向きに取り組んでいったほうがうまくいきます。借金が怖いのは、失敗したときのことを過度に考えすぎるからです。これは、後ろ向きな考え方ですが、このような後ろ向きの考え方をしているとチャンスは逃げていきます。

だから、ぜひ、お金を捨てる勇気を持ってくださいと説明しているわけです。

3 失敗をおそれるな

精神面での心構えのその3は失敗をおそれるなということです。

先ほどは、金銭面での失敗についてお話ししましたが、金銭面以外でも行政書士になろうとしている方の典型的な例として、失敗をおそれるあまり、新しいことにチャレンジしないという性質があります。

会社にいれば、何をやっていい、何をやってはいけないという事細かな上司の指示や会社の決まりがあるため、サラリーマンの場合にはかなり上位の管理職にならない限り、事業上の意思決定をするということはありません。通常は、指揮命令系統にしたがって、業務を遂行するわけです。

これに対して、自営業者はすべて自分の意思決定で、自己責任で事業を遂行するわけです。何をやっていい、何をやってはいけないという制約は一切ありませんし、すべて自分が決めていけばいいわけです。

ところが、サラリーマン経験が長いと、問題を与えられてそれを解決するというプロセスに慣れているために、自分自身が問題を設定する力が弱くなっています。

常に指示待ちの状態に慣れていると、いざ自分ですべてを決定しなければならなくなったとき、何をどうすればいいのか、皆目見当がつかなくなるわけです。自分が決定するということは、その決定の結果も自分に跳ね返ってきます。となると、失敗することをおそれて萎縮してしまって何もできなくなるのです。

サラリーマン社会は人事考課の基準が減点主義です。会社全体の事業方針、上司の指揮命令に従って業務を遂行しながら、その中で成果をあげることで評価される社会です。

上司にいわれてもいない発想を持ったり、儲かりそうな事業を考えること自体が、失敗すればマイナスの評価になりますから、自分で創造性を持たないほうが無難です。ですから、そのような新しいことを考え出して取り組もうという発想に、自分で無意識にブレーキをかけているわけです。

ところが、自営業の場合には、そのようなサラリーマン的な発想自体が危険な思想です。誰も、何も指示してくれませんし、すべての方針は自分で決定していかなければならないからです。自分が決めない限り、何も始まりません。

その意味で、思考方法が180度違うわけです。発想を完全に切り替えていく必要があるのです。

あなたは、いいとおもうことをなんでもやってみて、失敗したら手を変え品を変えして取り組んでみたらいいのです。楽天的な性格で思いついたことをどんどん実行して、10のうち9失敗して1成功する人間のほうが、沈思黙考して1しか試さない人間よりは、よほど成功の確率が高まります。10実行して9失敗する人間は、いい方を変えれば、100実行したら、10成功する人間なのです。

成功者は膨大な失敗の上に、成功を勝ち取っているのであって、まったく失敗しないで成功しているわけではないのです。

失敗するか成功するか、あれこれ悩むくらいなら、金銭的な出費がそれほどないのだったら、アイデアをどんどん実現していくべきです。

僕が相続のホームページをつくるとき、多くの行政書士、税理士から、「そんなホームページをつくっても、年寄りはインターネットなんてしないから誰も見ませんよ」とか、「相続は発生する前から、みんな大抵顧問税理士に相談しているから、相続が発生してから困って相談にくる人はいませんよ」とか、「会社をやっている人なら、すでに会社で頼んでいる税理士がいるから、相続の相談は全部そっちにいきますよ」とか、「みんな、弁護士に頼むから行政書士に仕事を頼む人はいませんよ」とか、ありとあらゆる反対を受けました。

しかし、僕は、**これは大変いい傾向**だとおもったわけです。

飛行機が離陸するとき、風の抵抗を受けます。そして加速によって、一定の速度に到達したときに離陸するわけです。それと同じで反対が多ければ多いほど、向かい風を受けて速度を上げて実行していけば上昇サイクルに乗ることができるのです。それを、皆が反対しているからという理由で速度を緩めれば、たちまち飛行機は失速して墜落してしまうでしょう。

別に相続のホームページをつくったとしても、大した出費ではありません。失敗してもそんなに金銭的な損失があるわけでもありません。なら、まずやってみればいいわけです。実際に相続のホームページをつくって事業が軌道に乗り始めると、あれほど反対していた人たちが「自分も相続のホームページはいけるとおもっていた」とか、「そのアイデアは自分も持っていた」とかいい出すわけです。

結局彼らは、「なんとなくダメそう」とか、感覚でものをいっているにすぎず、自分たちで本当にダメなのか実験・検証してから反対しているのではないのです。これは、失敗することをおそれて、チャレンジしない典型的な例です。何の根拠もなく、なんとなく失敗するとおもっているから、いったんうまくいくと、もともと根拠がないわけですから、その反対していた同一人物が「自分もいけるとおもってた」などという、節操のない発言になるわけです。

あなたの意思決定に反対者がいるとしても、その反対者はあなたの生活について責任を取ってくれません。

仮に、「失敗するからやめておけ」という反対者がいて、金脈があるのに行動しなかったからといって、そのあなたが掘らなかった金脈を誰かほかの人が後から来て掘ってしまったからといって、その反対者が損失を補填してくれるわけではないのです。

無責任な後ろ向きの忠告は無視しましょう。

4 人の模倣をするな――先駆者利益を取れ

行政書士の業務は何千種類もあるというのに、以前に、何が悲しくてか僕の相続のホームページをそっくりまねしてつくっていた行政書士がいました。そこで、僕だけまねされているのかとおもって、友人に聞くと、やはり模倣に悩まされているとのこと。状況はどこも同じのようです。

行政書士の業務は、先駆者利益を取ろうとおもえば、いくらでも取れるだけの許認可手続があります。人がやってない業務を開拓することで、即そのニッチ分野の権威となれるわけです。

この、先駆者利益の一例として、旅行業登録で大変な成果を出されている都内千代田区神田のしおた行政書士の例についてご紹介しておきます。

【質問】 しおた先生は、旅行業に特化した業務展開をされて、先駆者利益を享受されていますね。最初に旅行業登録に着目された理由はなんでしょう?

――僕が開業したのは今から9年前で、30になったばかりだった。既に結婚して、開業1カ月前には第一子が産声を上げた。借家住まいで貯金もほとんどなく、実務経験もまったくなし。

この条件でスローペースは許されるはずがない。開業する行政書士の95%以上は研修会に出て実務の世界を垣間見て、先輩や同期の仲間と楽しい酒を飲みながら、入ってこない仕事をどう見つけるのか、憂いにふけっているはずだ。

僕にはそんな暇なんかありゃしない。家族がくたばっちまう。この気概が、他の仲間と違った手段で仕事を引き寄せたんじゃないだろうか。

僕が「旅行業登録」という分野に足を突っ込んだのは、ひとりの先輩が大きく影響している。

その大先輩は、自らは海外に出ることが多く、日本に帰国しているときはさまざまなヒントを僕にくれた。そして「入管の（申請取次の）ピンクカードはこれから重要度を増す」と教えてくれた。その先輩が「旅行業登録」という業務分野があるというヒントもくれた。

「近々（旅行業法の）法改正がある」という先輩の言葉。これが旅行業登録業務に関わるきっかけだった。法の改正――興味があって調べてみると、旅行業者の業態の根本に関わる大きな法改正らしい。

「業者も理解が不十分」、「行政書士も手続がわからない」、「行政も新法下での初めての対応を迫られる」。これをチャンスといわずに何がチャンスなのだろうか？「もしかしてこの分野ではトップになれるかもしれない」とおもい、かすかな期待に賭けてみた。それがきっかけだった。

【質問】 しおた先生はダイレクトレスポンスマーケティングの手法により、業務開拓をされています。DM発送先のリストビルディング、またリストの絞り込みはどのようにされていますか？

――ここから先は顧客を開拓することに猛進した。業界の名簿はあるのか、他に業者情報を手に入れる手段はないか、何か効率よくマーケティングできないか……。

そして試行錯誤の末、たどり着いたのが、NTTのタウンページだった。「旅行業」のカテゴリーを発見し、それから約1週間。タウンページを抱え込み、ひたすらDM発送の手法を考えた。ここで偶然、政府刊行物センターで、「全国旅行業者名簿」が発行されていることを知り、運よく入手することができた。2冊の情報源を目の前に、よく見ると、記載されている業者が微妙に異なることに気がついた。

突き合わせてみたらどうかとおもい、やってみると、これが絶大の効果を生んだ。「業者名簿に載っている企業は、すべて既に行政の登録を得ている法人」。一方、タウンページの「旅行業」に記載されている企業は登録業者ばかりではなく、レンタカーの代理店や地方旅館の総合案内所など、より幅広いカテゴリーの業者が掲載されている。中にはどう見ても旅行代理店の社名なのに、行政の登録は受けていないものまで見受けられる。「〝モグリ〟の業者がいる！」と、気づくまでそう時間はかからなかった。業者名簿とタウンページを突き合わせて、両方に掲載されている企業、それは登録業者。それ以外は未登録業者。未登録業者であっても、旅行業のカテゴリーでタウンページに載せるくらいだから、少なからず旅行業とは縁が深いはず。しかも〝モグリ〟までいる。

この手法で、新規登録の希望をもつ業者をDM中心に開拓し、現在では約200社の旅行業者分の業務を手がけることになったのだ。

【質問】旅行業登録を切り口にしたマーケティングによって、結果的に旅行業登録以外の派生業務を獲得するシナジー効果が大きいとおもいますが、おおまかにいって旅行業登録：派生業務の売り上げ割合は何対何でしょう？

――いざ、旅行業登録を手がけてみると非常に奥が深い。行政の登録はもちろんのこと、海外のランドオペレーター（現地手配代行業者）との業務提携、航空券発券卸売り会社との業務提携、業者団体（日本旅行業協会など）への加盟申請、旅行業約款や業務提携契約書の英訳、海外に提出する書類のアポスティーユ申請、旅行者のビザ申請手続など、数えればきりがない。

ほとんどの行政書士事務所は国土交通省か都道府県宛の登録手続書類の書き上げだけを依頼されるに過ぎないだろう。うちの事務所では前述した業務のすべてを網羅する。そこが決定的な違いとなっている。業歴を重ねるにつれて、事務所の売り上げもこの（コンサルの）分野の比率が年々高まっている。全体の50％程度はこの部分からの収入だろうか。旅行業務開始後のコンサルティングまでできる事務所は、数ある行政書士事務所の中でも、日本でうちの事務所しかないのが現状なのだ。

【質問】新人行政書士が先駆者利益を享受するための着想法、これから狙い目の分野について、ひとこといただけますか？

――新しく開業する方々には、「既存の業務分野にとらわれない斬新な目が必要だ」と声を大にしていいたい。もちろん、これまで先輩方が開拓した基本業務で稼ぎを得ることも大切なことではあるが、人より抜きん出たスタンスを築くためには、人と競争のない分野で、業界人に負けない情報収集力を培って豊富な知識を獲得し、抜群の行動力を発揮することが大事だ。

今後注目すべき分野は、国際社会の発展の中で日本に進出してくる企業のサポートができること、環境問題がクローズアップされる中で、企業が環境保護を推進するための様々なツールについてコンサルティングできることなどではないかと睨んでいる。

あなたも、人の模倣をするのではなく、しおた先生のコメントを参考にして、新しい分野を自ら開拓していってはどうでしょう。数千種類ある行政書士業務の中には、まだまだ未開拓の業務分野のほうが多いのですから。

5 法律家は金じゃない!?

「法律家は金じゃない。社会的な正義の実現、弱者の救済を考えろ」とか、「世の中金じゃない」とかいう人がいますが、独立開業者は、まず経済的な安定を目指してください。経済的な安定があって、しかる後に社会正義とか弱者の救済をすれば、ボランティア活動をすればいいと思います。

マズローの欲求5段階説を挙げるまでもなく、人間は、経済的な欲求が十分に充足されれば、自然に社会的に認められたいという承認の欲求が出てきます。

マズローの欲求5段階説とは、人間の欲求は5段階のピラミッドになっており、低次の欲求が満たされれば、より高次の欲求を追求するというものです。

欲求の段階は、順に1．生理的欲求（食欲、性欲、睡眠欲など）、2．安全の欲求（健康、経済的な安定）、3．所属欲求（集団に参加したい）、4．社会的承認の欲求（社会的に認められたい）、5．自己実現の欲求（自分の能力、可能性を開花させたい）、であるといいます。

ですから、とりあえずメシが食えるようになって、生活が安定してくれば、次第に世の中の役に立つこともしたくなるものです。でも、第2段階の経済的な安定がないままには、ボランティアだって続けられません。

経済的な安定がなければ、自分のことに忙しいでしょうから、社会的な正義の実現とか弱者の救済なんかできないのです。

「行政書士は、金儲けのためにやっているんじゃない」という先輩は、儲けられないことを合理化するためにそのように主張しているのです。

もう少し、詳しくご説明します。

人間は、自分の欲求不満が合理的な方法で解消されない場合に、非合理的な適応の仕方で、自分を守ろうとします。これは、フロイトが打ち出した防御規制という概念です。

このうちで、「合理化」というものがあります。これは、自分の本当の欲求を自己欺瞞で偽り、自分が今おかれている状況を正当化しようとすることです。

イソップ物語に、「酸っぱいブドウ」という話があります。あるキツネがブドウを見つけました。けれどもそれは高いところにあって、手が届かないので食べることができません。そこでキツネは「あれは、酸っぱくておいしくないんだ」といった、という話です。

ブドウの価値を相対的に引き下げることによって、自分自身の欲求不満を処理しているのです。その本質は、「負け惜しみ」だということができます。

本当は、先輩だって行政書士として稼ぎたかったし、頑張っていた時期もあったとおもいます。ですが、いろいろやってみた結果、自分は金儲けの能力がないとはっきりとわかった結果、欲求不満が生じたわけです。

その結果、自分の金儲けに対する欲求と、自分が今おかれた状況である「稼ぐ能力がない」という現実のギャップを解消しようとして、「自分は行政書士を、金儲けのためにやっているんじゃない」という発言をするわけです。

このようなネガティブな情報は無視しましょう。こんなことを頭の片隅にでもおいていたら、「お客さんから高い報酬を取るのは悪いんじゃないか」とか、「法律問題で困っている人がいたら、相談は無料でしないとダメなんじゃないか」とか、稼ぐことに対して心理的にブレーキがかかってしまいますから。

貧乏オーラが出る考え方は完全に頭から駆逐してください。もし、すでに貧乏オーラが頭を支配している場合には、パート3に記載した、貧乏オーラ駆逐法を実行してください。

そして、まず経済的な安定だけに意識を集中してください。

PART 3

成功への足がかりはコミュニケーション能力の向上にある

1 共感能力が欠如していては成功もありえない

僕が事務所のスタッフの採用面接をしていてよく感じるのは、面接にくる男性は、女性にくらべてコミュニケーション能力が劣るケースが多いということです。

男性の場合には、面接の際にも笑顔がなく、暗い人が多いのです。職歴を見てみると「司法試験受験予備校でアルバイト」などと書いてある。大学を卒業してからアルバイトをしながら、司法試験の受験を続けているわけです。

そのような、社会経験もなく、資格試験の勉強ばかりしてきたタイプの方は自分が勉強した法律知識や理論を相手に押しつけるだけで、相手の気持ちとか、今相手が何を考えているかをくみ取る姿勢がない方が非常に多いようです。

司法試験崩れの行政書士合格者は大学を卒業してからも、一度も社会人として組織の中で働いた経験がなく、組織内での自分と上司の関係とか、お客さんに対して接する際にお客さんのニーズをくみ取る経験ができていないケースが多いようです。

また、自分は司法試験の勉強をしていたということで、プライドがあって、お客さんと自然体で接することができません。相手を心の中で見下しているのです。だから、笑顔が出てこないのです。どんなに勉強ができたって、笑顔のひとつも見せられないようでは、何の意味もありません。

お客さんが、緊張してガチガチになっているときに、にこっと微笑んで話しかけられなければ、どんなに技術があっても、その技術を相手が受け入れてくれません。どんなに法律の理論を知っていても、相手があなたを受け入れてくれなければ、意味がないのです。

このような人は、たとえお客さんとの面談にこぎ着けたとしても、まずその面談で受注を落とします。相手の本当に望むポイントをくみ取らずに、自分の思い込みで解決策を主張するケースが多いからです。

これにくらべて、女性の場合には、社会人としての基本的なコミュニケーション能力が備わっているケースが多いようで、コミュニケーションの指導をする必要はほとんどありません。

また、社会参加の意欲が高いにもかかわらず、活躍の場が少ない傾向があるということからか、優秀な方が多いようです。また、もともと女性はおしゃべり好きな方が多いので、フレンドリーに話しながら、お客さんの希望を上手に聞きだすのがうまいのでしょうね。別に、意識してそうしているわけではありませんが、うちの事務所のスタッフに女性が多いのはこのような理由によります。

男性の方の場合には、心して依頼者のニーズをくみ取るようにしないと、受注につながらないということをしっかり覚えておく必要があります。

自分のほうが、お客さんよりたくさん話している状態というのはよくないことです。相手方の話を聞く技術というのは非常に大切です。基本的には、依頼者は話したいこと、心に抱えていることがあって面談を希望しているのですから、依頼者におもっていることを全部吐き出させること自体が、問題の解決になるケースも多いのです。お客さんがしゃべっているときには、言葉をさえぎることなく、好きなだけしゃべらせてあげましょう。

また自分が行政書士だからといって、法律家としての権威を押しつけるような高圧的な態度を取ることがあってはなりません。あくまでもお客さんあっての商売です。

自分がごはんを食べているそのお金は、どこから出てくるのでしょう？　一人ひとりのお客さんの財布から出ているわけですよね。でしたら、こちらの主張を通そうとするのではなく、お客さんの発言に耳を傾けることは当たり前です。

2 弁護士じゃないから断られるという勘違い

よく、スタッフから「お客さんと面談したのですが、『弁護士かとおもって相談にきたのに、行政書士だったら結構です』といわれて断られた」という話を聞くことがありますが、僕は真に受けません。それが本当の理由ではないケースが多いのです。

自分自身が、お客さんに対して十分な情報提供をして、お客さんの問題を解決する手助けができていれば、お客さんにとって、弁護士であろうが、司法書士であろうが、行政書士であろうが関係ないはずです。お客さんとしては、担当した行政書士の能力に十分な信頼がおけなかったから、先に出たような発言をするわけで、根本的な問題点は信頼獲得への努力が不十分であったという点にあります。何士であるかを気にしているのは資格コンプレックスを持った行政書士本人だけなんです。

もしも、相手から「弁護士じゃないから……」、と断られたときには、一度、自分自身の対応を振り返ってみる必要があります。

もしかしたら、よく理解できてない事柄を相談されて、準備不足で、おどおどしていたのがお客さんに雰囲気として伝わったのかもしれません。あるいは、わからない質問をされて、知ったかぶりをしたため、その雰囲気がお客さんに伝わったのかもしれません。自信のなさが相手方に伝わるくらいだったら、はっきりと「この点は、今わかりません。あとで、お調べします」と、きちんと相手に伝えたほうがいいのです。

専門的な内容について「わかりません」といったからといって、すぐにあなたの信頼がなくなるということはありません。もし、それで依頼を断られることがあるとすれば、あなたの知識ではなく、あなたという人間が信頼されていないということです。

「この問題は調査して、あとでご連絡しますね」といえば、すむことです。

それをいえずに、間違えた答えや、あやふやな内容を話すほうが、よっぽど信頼感を失います。

お客さんは、法律については素人かもしれませんが、ごまかそうとする態度、自信のなさは敏感に察知して、「何かがおかしい」と感じるものです。

依頼された事案について、「弁護士に相談したら、○○といわれた」とか、「司法書士に相談したら○○といわれた」とお客さんから聞かされると、「自分は行政書士でしかないけれど、弁護士や司法書士がいってることなんだから、間違いなどあるはずがない」と、弁護士や司法書士がいってることを鵜呑《うの》みにし、「資格」や「肩書き」ですべてを判断し、自分の頭で考えない行政書士の方がいます。

背広を着て、バッジをつけて、むずかしい顔をして、格好だけ「法律家」を気取ってみても、肝心の行政書士として、法律家としての自負などまるでない。これが「食えない」行政書士の方たちの実態なのです。

あなたが勝ち取らなければいけない信用は、背広やバッジ、ましてやしかめっ面《つら》などで手に入るものではありません。

わからないことを聞かれるのが怖いとおもって、構えている顔のほうが、お客さんにとってはよっぽど怖いのです。

「この人なら安心」「この人にまかせよう」とおもわれるために必要なのは、「俺は法律家だ」と威張り散らすことでも、「あー、すみません。どーせ代書屋ですから」と、卑屈になることでもありません。この両極端な対応はどちらも、資格コンプレックスの裏返しです。

相手の立場で考え、相手は何がほしいのか、どうしてほしいのか、相手の気持ちに共感してニーズを理解することで、資格も経歴も関係ない「自分自身」を売り込むことができるのです。仕事がない人に限って、自分の主義主張だけは固持していて、数少ないお客をさらに逃していたりします。

要するに、**コミュニケーション能力があって、自分自身を認めさせる営業のできる人間は、背広もバッジもなくても仕事は取れる**ということです。何士であっても自分自身の魅力で足場を固めれば、そんなものに頼る必要はなくなるものです。

3 あなたは貧乏オーラが出ていませんか？

自信のなさともつながってくる話ですが、貧乏オーラ、貧乏くさい考え方は伝染します。僕のうちでは夫婦ともに貧乏くさい発言は排除するように徹底しています。後ろ向きな発言、たとえば「どうせ自分は○○だ」とか、否定的な発言、たとえば「○○なんて、できるわけない」など、いいわけやあきらめは絶対に口にしません。口にすると貧乏オーラが出て、物事がうまく運ばなくなるからです。また、口に出さないだけではなく、脳内から完全に駆逐してしまってるのですが、このようにしていないと物事はうまくすすみません。

ところが、貧乏オーラの出ている行政書士は、何から何まで、後ろ向き、否定的発言に満ちています。だから、商売がうまくいかないんですね。

貧乏くさい考え方はすべてがうまくいかなくなる原因です。

誰がそんな「貧乏オーラ」丸出しの「貧乏神」みたいな行政書士に、お金を払って業務を頼むのですか。業務に安心できないどころか、なんだか不幸まで乗り移ってきそうです。

僕は日々、たくさんの経営者の方とお会いしますが、今はうまくいってなくても、金持ちオーラが出ている人はいずれ成功するケースが多いようです。逆に、そのときは商売に成功しているように見えても貧乏オーラが出ている人は、何らかの偶然が作用して事業が当たっているだけなので、いずれダメになるケースが多いのです。

そのような人間の思想の矯正法として、ロバート・アレンは、手首に輪ゴムをはめておいて、もし貧乏くさい考えが頭に浮かんだり、貧乏くさい発言を口に出してしまったら、その輪ゴムをピシッとはじくように推奨してますが、貧乏くさい考え方が染みついている方は、このような方法を用いるのもいいかもしれません。いきなり、脳内から駆逐できないとしても、少なくとも発言をしなくなることによって、すべてが好転するようになります。

貧乏オーラを完全に駆逐し、積極的に生きていけば、そのパワーはお客さんにも伝わります。自信を持ったあなたの態度が、受注率を高めることになるでしょう。

そうすれば、あなたは業務に一層自信を強めていくでしょうから、善循環サイクルで物事が好転していきます。

4 自信を持って話すために、メラビアンの法則を知れ

人間が相手とコミュニケーションをするときに、アルバート・メラビアンは、話す言葉の内容はわずか7％しか相手に印象を与えず、それ以外の表情、身振り手振りなどの視覚情報が55％、声の大きさ、しゃべり方などの聴覚情報が38％で、非言語的な要素で残りの93％の印象が決まってしまうことを明らかにしています。

つまり、相手はあなたが「何をしゃべっているのか」より、「どんな風にしゃべっているのか」のほうに印象づけられるのです。目と耳が与えるあなたの情報のほうが、話す内容よりも重要な場合もあるのです。

このことが意味するところは大きいのです。

たとえば、あなたのしゃべっている内容が、法律的に正しいとしても、おどおどして自信なさげに小さな声で話していれば、お客さんは「本当にこの人に任せちゃって大丈夫なんだろうか？」と心配になってきます。お客さんは、あなたが法律的に正しいかどうか自信がないから、おどおどと小さな声で話していると感じているのです。

そうすると、聞かれなくてもいいような、あなたの行政書士としての経験年数、今まで

同じ事例を取り扱ったケースが何件くらいあるのか、その中で許可が下りたものが何件くらいあるのかなど、探りを入れられて、あなたに十分な経験がないと相手が判断すれば、不安を感じてあなたには依頼しないでしょう。

ところが、あなたが自信を持って発言をして、落ち着いた雰囲気で説明を行い、堂々としていれば、多少伝える内容や情報量が少なくても、残りの93%の情報で、お客さんは信頼感を持つでしょうから、あなたが新人かどうかなど質問さえしてこないでしょう。当然に経験豊かな行政書士だとおもってくれるわけです。

嘘はいけませんが、みなぎる自信を持って物事に取り組んでいて、お客さんがあなたのことをベテランだと誤解して経験を聞いてこない場合に、自分から「新人なんです」と告知する義務はありません。

もし、あなたが、これまでの経歴を根掘り葉掘り聞かれたとしたら、お客さんはあなたに対して信頼感を抱いていないということです。

あなたが、経験とともに自信をつけていけば、そもそもどれくらいの経験があるのかなんて、お客さんは聞いてきませんし、最初から自信を持って当たっていれば、新人の期間を余分なことを聞かれずにやり過ごせることになります。

言葉のパワーというものを、動作、表情の力強さというものを真剣に考えてみてください（もちろん、業務についての勉強をしていることが前提ですが）。そして、パワーがある人の動作、表情、声のトーンなどを身につける訓練をしてください。

あなたがパワーがあるとおもう、その人になりきって、その人の動きをまねているうちに、次第にかもし出す雰囲気にも自信が出てくるとおもいます。

成功者ならこういう、もし自分に自信があったらこういう、という「しゃべり」のモデリングをすればいいのです。

それが完全に身についたときに、あなたはもう誰もモデリングする必要はありません。今度は、あなたが他の人からまねられる番です。

業務の勉強をするのもいいですが、**勉強にあてる時間の何分の1かでも、相手への伝達方法、印象を学ぶための時間にあてれば、どんな状況でも揺るぎない自信が身につく**でしょう。

アポイントまでこぎつけても、実際に会ってからお客さんからの受注を落とす人は、この点に心を配るようにしてください。あなたの表情は暗くないですか？　自信に満ちてますか？

成功への心構え（柴田土地家屋調査士・行政書士事務所　柴田仁志先生）

「資格を取り、開業しましょう。バラ色の人生の始まりです」

資格予備校のパンフレットには甘美な言葉のオンパレードです。

ある資格予備校の元事務局長さんと彼の退職後に会った際に、彼がなぜ資格予備校を退職したのかを話してくれました。

「良心の呵責《かしゃく》っていうのでしょうか。受講希望者がたずねてきて私に聞くのです。『この資格で本当に食べていけますか？』って。私は『食べている人もいればそうでない人もいます。その人の努力次第です』と答えてはいたのですが、学校の案内には年収1000万円という数字ばかり踊っている。そんなのはほんのひと握り、普通の人では、ほとんどそんなには稼げない。

でもこんな世の中ですから、皆さん不安を抱えている。その不安を何とか払拭しようと資格取得を目指すわけです。何年も時間をかけて、何百万円もお金を払って。そして、その不安感を煽れば煽るほど予備校には人が集まる仕組みです。

資格予備校を辞めてから本当に精神的に楽になりました。一時期はだいぶ太ったんです」

といって、うれしそうに微笑まれます。

彼の今の職業はマルチ商法の独立販売員。その彼から、以前の職場である資格予備校では、精神的につらくて続けることができなかったと聞かされて、衝撃を受けました。

――私は地方都市の弁護士事務所に5年間勤務して実務を覚え、資格を取得して開業しました。

バブル期ではありましたけど、20代独身で40坪の土地と2階建ての自宅兼事務所を構えていました。仕事は入ってくるので、細かな仕事は受けずに断っていました。面倒な仕事ばかり持ち込む紹介者の電話は、電話に出ても横柄な態度で話していました。今おもえば、大変恥ずかしいことです。

カミさんとの結婚の際に、義理の叔父が私の資格を聞いて、「日本中どこでも食べていけるから安心だ」といったそうです。私も当然にそう考えていました。

阪神大震災の後、結婚当初の約束もあって神戸に引っ越してきました。

兵庫県土地家屋調査士会に登録に行った際に、当時の支部長から「なんで今さら登録なの？　震災特需は終わったよ」といわれましたが、その意味を理解することができませんでした。

神戸の土地家屋調査士業界は震災後、壊れた建物の滅失登記手続きや、新しく新築した建物の新築登記が一気に出ましたから、震災後3年ほどは特需に沸いたそうです。駅前の一等地にビルを建てられた土地家屋調査士まで現れたと聞きました。

ところが4年目に入った頃から、すっかり風向きが変わりました。一気に新築してしまったために、これまでは、毎年ある程度のボリュームで発生していた新築の登記が出なくなったわけです。

結局、いつかは発生する仕事を先食いしただけだったと、皆が気づきました。

そんな冬の時代に入ってから登録申請に出向いたものだから、先の「特需は終わった」と支部長にいわれたのですね。

ところが当の私は、過去に資格での成功体験がなまじっかあるものだから、ことの重大さに気づかずに、嬉々として開業しました。

まずは事務所の紹介パンフレットに始まり、名刺、ハガキのあいさつ状も関係業者様宛につくって発送しました。パンフレットを持って近場の建設業者や不動産業者へあいさつにまわりました。しかし、待てど暮らせど電話は鳴りません。さすがに3カ月目には、外へあいさつまわりに出かけました。

だけどこれまで頭を下げてまわったこともないものですから、訪問することさえできないのです。「今日はこの地区をまわろう」と、事前に入念な訪問ルートまで住宅地図で調べていくのですが、現地につくと、いろいろといいわけを考えてしまい、まったくまわれないのです。皆さん日々の仕事に忙しいのですから、どこの馬の骨ともわからないやつに時間を割いている暇はないのです。

それでも、司法書士事務所は隣接業者ということもあって、温かく迎えてくれ、ある一定地域の司法書士事務所をまわることはできました。そのときに気づいたのですが、名簿に記載された司法書士事務所であっても、既に現地にない事務所がチラホラとあったのです。「これは一体どういうことなんだ？　司法書士でさえ廃業しているのか……」。

資格を持っているだけでは食べられないという現実がそこにありました。私の場合は、かみさんがフルタイムで働いてくれていましたので、生活も贅沢さえしなければそれなりになんとかなりました。それが悪かったのですが、積極的に営業に出ることも億劫になり、ふたりの子供の世話と日常の家事を片づけて、空いた時間はＰＣの前で座って過ごす……という、何とも情けないサイクルで毎日が流れていきました。

ＰＣの前に座って見ていたのは、まずは同業者の動きです。資格合格者や受験生が立ち上げている掲示板サイトがありましたので、それらを巡回して過ごしていました。

まぁ総じてネガティブな世界ですね。仕事があれば、誰もそんなことをしている暇がないわけですから。仕事のないやつの書き込みを読んだって仕方がないのです。

そのうち、仕事が入ってこないのは営業ができないからだと気づき、それ関係のサイトを訪問したり、メルマガを購読し始めました。

営業ができないからこそ、営業せずに食べていけるであろう難易度の高い資格を何年もかかって取得したのに、結局振り出しに戻されてしまった気分でした。

私は営業関連の3つのサイトを手本にしました。そのうちのひとつが金森氏のFAXDMのサイトです。

その中で学んだことを実行してみるという試みが始まりました。と、簡単なことのようにおもわれるかもしれませんが、実際に行動を起こし、軌道に乗せ結果を出すまでに1年以上かかりました。

その間は人生のリハビリです。ものごとへの考え方の間違いや、行動規範をチェックしていきました。知っていることとやってみること、さらにできることは、まったく違った次元の事象です。

そして次に、小冊子をつくり、HPも立ち上げ、ミニコミ誌に広告も打ちました。

そうした試行錯誤の中、近くのお寺の縁日に手渡しで事務所のチラシリーフレットを配布しました。

まず、チラシと返信先の住所宛名を印刷した料金後納郵便ハガキを用意します。チラシには小冊子の無料プレゼントを謳っておきます。そして名刺を含めたそれらを入れるために、絵柄つきの封筒を用意しました。

配布前日までは、午前中から始めようとおもうのですが、当日を迎えると、なかなかエンジンがかかりません。それでも午後から3日間、毎日手渡しで、声をかけながら渡していきました。

初日、予定枚数を配り終わってから、捨てられているチラシを拾い集めようと、参道となっている商店街をまわってみても、配布した封書やチラシは落ちていません。夜中に駅のゴミ箱を漁って、捨てられている封書を数えたりしましたが、十数通しか捨ててありません。3日間を通しても同じ様にゴミ扱いはされませんでした。これはひょっとしてすごいことになるのではないのか、電話が鳴り出したらどうしようなどと考えていましたが、結果は散々で、1本の電話も1通のハガキも戻ってきませんでした。

唯一、手渡しで配布している最中、縁日にお参りに来ているおばあちゃんが相談に乗ってほしいようなそぶりだったのに、封筒を配布することが目的化していたために、きちんとした対応ができずに逃してしまいました。

このときの経験は後になって生きてくるのですが、そのときは結構落ち込みました。

要するに、チラシやリーフレットは、ごく一部の、興味のある人にとってのみ必要かもしれない程度の情報に過ぎないのです。ましてや、道端で配布しているどこの誰かもわからない輩に、なんで相談なんかできましょうか。

結局、20代の頃に仕事が入ってきていたのも、法律事務所の事務職員として5年間勤務している中で、弁護士に相談に訪れていた社長さんや弁護士の知人友人関係があってこそのものであり、資格がどうだということではなかったのです。事務職員として一生懸命仕事をこなすことで、知らず知らずのうちに、私に対する信頼のネットワークが構築されていたのです。

ところが、それらを置いたまま、まったく私のことを知らない土地に来て、「資格持ちでございい」といいふらしたところで、世間様には関心を持たれることはないのです。それが現実というものです。

幸いにも金森氏の「新人行政書士向けの開業パックを皆でつくりませんか？」という呼びかけ（以下「秘密工場」という）に呼応して、参加させていただきました。

その後の相続問題連絡協議会の起ち上げにも神戸支部として参加することができましたので、法律事務所で培った自己の持ちうる実務上の知識・ノウハウを全国の支部の皆さんに隠すことなく精一杯伝えてきました。

連絡協議会の起ち上げから1年経ってみて、事業規模がものすごい状態になっていることに驚くとともに、今ある目の前のことに全力をかけて一生懸命やることが、結局は自身の成長につながっていることを実感できました。

皆さんにも、「行動する」ことの大切さに気づいていただきたい。私が金森氏のメルマガに出会ったのはたまたまの偶然でしょうか。メルマガから金森氏を知り、行政書士開業MLをチェックして金森氏の呼びかけに呼応し、「秘密工場」の門を叩いたのは私だけだったかもしれません。

「秘密工場」に入って驚いたのは、呼びかけに呼応した参加者の少なさです。当時でもMLには1000人以上のメンバーがいたと記憶しています。行動した人間はほんの一部でした。情報は、ただそこにあるだけです。「行動」してください。あなたが動けば、まわりが変化します。

自分自身を信じて、あなたを信じていてくれる、あなたのまわりの人々や、あなたを支えているこの社会に貢献できることを信じて「行動」してください。

それがあなたが成功する唯一の方法です。

PART 4 「お客・情報・金」が集中するビジネス戦略

1 戦略構築の重要性

行政書士を開業する際に、なんの戦略も持たずに開業する人が多いのには驚かされます。

僕は、市場戦略を構築してから行政書士業務をスタートしました（市場戦略の構築といっても、まるっきりなにもやったことがない人は、どうやっていいかわからないでしょうから、次にあげる「2 特定調停ビジネスの戦略」に僕がとった市場戦略を掲げておきます。これを参考にして、市場戦略を立ててみてください）。

ビジネスにおいて、事業計画なきまま、事業を開始する人はいないでしょう。しかし意外と計画なしに開業を考えている人が多いのです。

新人行政書士向けに開業講座を開催している丸山行政書士に、「最近、新人の方々は開業にあたって、どんな質問をしますか?」ときいてみると、「事務所は自宅がいいのか、別のほうがいいのか」とか、「外でお客さんと会うときには、お茶代はどっちが払うのか」とか、「コピー機は、FAXとプリンタと一緒の複合機のほうがいいのか」とか、枝葉末節の質問ばかりで、何も事業戦略を考えていない新人が多いという話でした。

そんなことは、事業展開の体制にはまったく影響ありません。

僕は、いまだに事務所の名前入りの封筒をつくっていませんが、何ら困ることはありませんし、プライバシーが必要なケースでは、お客さんはむしろ、茶封筒を希望されます。

また、開業のあいさつ状も出していません。

「このたび、新人として行政書士事務所を開業しました。建設業許可、風俗営業、各種許認可、相続、遺言……」と、既存の自分が持っているかぎりの名刺のアドレス宛にあいさつ状を出したとしても、ターゲットが絞り込まれていません。さらに、出すのはせいぜい数百通でしょうから、DM配送の母集団としても十分ではありません。そんなことにお金をかけても無駄ですから、僕はあいさつ状は出しませんでした。

事務所の印鑑も、毎日請求書に何回も名前を書く時間がもったいないと考えて、ようやく開業1年目でつくりました。請求書を1日に数通出すくらいでは、はんこは不要です。

事務所の看板もつくってません。事務所案内もつくってません。事務所の近所にあいさつにもいってません。

では、業務用品にまったくお金をかけてないかというと、プロモーション用のPOP、ポスター、書籍プロモーションのための専用名刺はつくってますし、HP《ホームページ》にSSL（暗号化技術）も導入しています。また、20文字で50万円のネット広告を平気で出します。事務所案内の代わりに書籍を出版しています。お金をかける場所が違うのです。

パレートの法則によれば、2割の戦略的に重要な部分が、8割の成果を生み出すので、重要な部分に経営資源を傾斜投入しているわけです。

パレートの法則とは、イタリアの経済学者であるパレートが、19世紀イギリスにおける所得と資産分布を調査したところ、20%の富裕者層に全資産の80%が集中していたことから、発見された法則です。これは、経済学上の法則ですが、かなり普遍的に存在するようで、たとえば、働きアリの中の20%が積極的に働いている働き者のアリで、80%は怠けているアリというふうに分布していて、その20%の働き者のアリばかり集めてくると、またその中の80%は怠け者のアリになってしまうということが知られています。

となってきますと、戦略的に重要な20%に、傾斜的に事務所の「人・物・金・情報」のリソースを投入すれば、80%の成果は納められるということになります。

一般に、**マーケティングの4P（Product, Price, Promotion, Place）**といわれる**商品戦略、価格戦略、プロモーション戦略、エリア戦略のマーケティング戦略**をしっかりと構築してから事務所の展開を図る必要があります。

ここでいう、マーケティングの4Pとは、マーケティングの要素をマッカーシーが4つに分類したもので、次のとおりです。

◆Product（製品）

これは、行政書士業務でいえば、商材、提供スタイル、サービスのパッケージなどをいいます。

◆Price（価格）

これは、行政書士業務でいえば、前金をもらうか、決済条件はどうするか、分割払いを認めるか、値引きなどをいいます。

◆Promotion（販売促進）

これは、行政書士業務でいえば、対面販売、ＰＯＰ、広告、パブリシティ、イベントなどをいいます。

◆Place（流通）

これは、行政書士業務でいえば、販売チャネル、サービス提供エリア、立地などをいいます。

業務を開始するにあたっては、これらの4Pを事細かに検討して、それから開業する必要があります。

戦略が失敗していなければ、月によって売り上げに多少ばらつきがあったとしても、事務所経営に失敗して廃業ということはありません。逆に集客戦術が正しかったとしても、戦略が間違っていれば、廃業の憂き目を見ることもあります。

戦術とは、DMを出すとか、小冊子や金券をつくるとかいった、小手先の集客技術です。これはあくまで、SP（セールスプロモーション）ツールのひとつに過ぎません。

戦略といっても、抽象的な話をしていては、なかなかわかりにくいでしょうから、以下僕の取った戦略のひとつを取り上げて解説していきましょう。

たとえば、特定調停のビジネスの場合には、僕は1年前から戦略を構築しています。この特定調停ビジネスの戦略について、簡単にお話ししておきますから参考にしてみてください。他の事例でも応用が可能だとおもいます。人間、何ごとも最初は模倣から始まって次第に自分のスタイルを身につけていきます。他人の例だとおもわないで、ここから吸収できるものはないか、考えながら読んでみてください。

2 特定調停ビジネスの戦略

特定調停のビジネスについては、2002年の10月に仕込みを開始しました。

僕の事務所では、もともと特定調停業務はやっていなかったのですが、うちの弟が元サラ金で取り立てをやっていた関係で、特定調停については詳しかったわけです。それで、特定調停で物販事業（ビデオ、マニュアルの販売）をやりたいということで、僕が事業展開をプロデュースすることにしました。


まず戦略を構築する前提としてSWOT分析をしました。

SWOT分析とは、**企業の強み（Strength）**、**弱み（Weakness）**、**機会（Opportunity）**、**脅威（Threat）**を、「SW＝内部環境」と「OT＝外部環境」にわけて分析する手法です。

以下、SWOT分析の分類に従って、分析した結果について、見ていきます。

強み：弟は元サラ金で特定調停の相手方になった経験もあるし、特定調停の現場を踏んでいるという意味では強みだ。マスコミに売り出す場合、法律家の兄と元取り立て屋の弟というキャラクターは強みだな。根暗な法律家が多い中で、キャラクターで売ることができるというのは強みだからこれを最大限活用しよう。

弱み：「人・物・金・情報」の中で「人」に問題がありそうだ。僕自身が特定調停はまったくやったことがないし、事務所は司法書士がいないから、これはすぐ雇う必要があるな。物販事業をするには問題がないが、書類作成になった場合にには業際問題のコンプライアンス（法令遵守義務）もあるから、早めに人材の確保をしよう。

機会：自己破産の書籍は世の中にたくさんあるので、競合も多いな。最近の市場環境からして、自己破産件数はうなぎのぼりだし、経済環境を考えれば、この分野はまだまだ伸びる。この市場の中で、自己破産ではなく特定調停という分野はニッチだし、一般向けの書物が出ていないので、まだこれからの市場だ。

脅威：この市場は、本来弁護士が出てきても価格競争力がないから、最終的にはより価格競争力のある司法書士の独占領域になるだろう。その場合、先発の司法書士事務所が本格的に特定調停分野に進出すると、うちとしては苦戦を強いられる可能性があるな。とすると早期にブランドを確立するためのメディア戦略が重要になってくる。

以上のようなSWOT分析を元に、戦略を次のように構築していきました。引き続き見てみましょう。

まず、顧客リストの構築を考えました。リストを構築しないことには、売り先がありません。

オフライン（インターネット以外）でのリストの収集も検討しましたが、多重債務者リストはプライバシー保護の面・法律面で問題があるため、オフラインでの入手はやめて、オンラインプロモーション（インターネットでの販売促進）をすることにしました。

『まぐまぐ』で検索をかけて、自己破産関係で発行しているメルマガを探しました。すると、発行部数が3000部程度の手ごろな借金解決法についてのメルマガがありました。

それで、そのメルマガの発行者からメルマガを買い取り、弟に執筆をはじめさせました。メルマガのM&A（合併・買収）です。

それが、『自己破産せずに借金620万円を返す方法』というメルマガです。これによって、3000人の見込み顧客を手に入れました。もちろんメルマガの執筆は、その次につながってくるバイブル商法（本の出版を使った、マーケティング手法のひとつ）をにらんでの準備です。メルマガの記事を書きためていって、それを出版につなげる作戦です。

また、取り急ぎ、特定調停に関するメルマガ用のホームページを準備しました。

次に、メルマガ読者の増加策を講じて、メルマガを借金部門でのトップランキングにしました（読者数1万2000人にしました）。これは、SEO（検索エンジン対策）や、その他インターネットを使ったマーケティングの手法で増やしています。

ちなみに、メルマガは1万2000人くらいを相手にしないと、『まぐまぐ』のメルマガ・ランキングにもあがってこないですし、発行してもほとんど意味がありません。メルマガで数百名の読者しかいない場合には、メルマガの定期的な発行のための執筆の手間ばかりかかって業務につながらないので、やめるのが得策です。

同時にWEBで、特定調停について解説したSP（セールスプロモーション）用の小冊子を1500冊販売し、販売実績をつくりました。

というわけで、このバイブル商法の仕込みは9カ月前から始まっていました。

ここまで段取りをつけて、うちの近所の印税エージェントに、出版社への出版企画の持ち込みをしてもらいました（メルマガ借金部門のランキング第1位、SP用小冊子1500冊の販売実績、お客さんからの小冊子に対する感謝を込めた感想が、いかに出版社にとって新人を売り出すときに心強いかわかりますよね）。

その頃には、弟のメルマガよりも読者数の少ない借金関係のメルマガの発行者数人が本を出していましたので、弟のメルマガも順当に出版する運びになりました。

そこで、本の文章を弟に書かせるとともに（実は特定調停の本は、僕の書いた部分はあとがきだけです）、僕は特定調停ビデオの制作に入りました。特定調停のセルフキットを販売するためです。ビデオのパッケージ、テロップ、フリップ、マニュアルの製本手配などに動きました。弟に申請書マニュアルとか計算マニュアルなどのコンテンツ部分を作成させながら、ビデオ撮影・編集も同時にすすめていきました。

出版社も決まり、いよいよバイブル商法の始動です。

歴史上でもっとも成功している顧客獲得のためのSP（セールスプロモーション）ツールが聖書です。この聖書になぞらえて、出版物を出して本で読者を説得し、販売につなげるのがバイブル商法です。

たとえば、○○式健康法とか、競馬必勝法、美容整形などの本が出版されておりますが、これらは集客を目的として出版されたものが多いのです。

また、本をつくるにあたって、一番大切なのは差し込みハガキです。そこでまず、本の差し込みハガキをつくりました。

バイブル商法は、この差し込みハガキを使って、資料請求をさせてレスポンスリスト（反応があった名簿）を集め、これにDMを出して販売していく、二段階販売法をとるパターン、ダイレクトに商品を販売するパターンのふたつにわかれます。どちらがいいかというと、当然前者のほうがリストが多い分だけ、ある程度の単価がとれる商材の場合にはいいわけです。逆に、利益率が低い、またはリピート率が低い商材の場合は、DMを出す費用が余分にかかるため、二段階の販売法をとるコストをかけられません。

僕の場合には、特定調停を2回かける人はあまりいないため、リピート購買は期待できません。そこで、「特定調停支援キット」という商材を、一段階でダイレクト販売しようと考えました（ただし、この商材の単価は2万5000円ですので、特定調停をする多重債務者層にとっては、多少価格を高めに設定してしまいました。本来は、PSM分析という価格決定手法によって価格決定すればよかったのでしょうが、時間的に手がまわりませんでした。反省）。

ハガキの裏は3段組新聞風記事広告、1行14文字にしました。ハガキの表は、金森兄弟の写真の吹き出しにティーザーコピー（注意を引くための文句）が入っているものです。

なぜ、この差し込みハガキで商品販売をするのでしょうか？　商品を売って儲けるため？

答えは、この差し込みハガキを加速装置（ドライバー）とするためです。

なぜ、差し込みハガキが加速装置になるのでしょうか？　それは、本が売れる↓差し込みハガキからキットが売れる↓売り上げを全額広告費としてぶち込む↓（最初に戻る）というふうにして、本の売れる速度を加速させていくからです。僕の価格予想が正しくて、

キットが売れればですが。

本の売り上げを極大化して、本来多重債務者として本を買う読者層以外にも読者を拡大していくのです。

このようにして、広告費を情け容赦なく投入する方法で本の販売を促進していきます。差し込みハガキの準備と同時に、本とホームページの融合のために、独自ドメインを取得しました。ホームページでも本を宣伝できるようにするためです。こちらの本専用のホームページで申請書式を無料ダウンロードできるようにして、本の読者がアクセスする仕組みを用意しました。

ポップアップウインドウ（ホームページを開いたときに、飛び出してくる小さな窓）でのメルマガ読者集めも行いました。同時に、ホームページでも、差し込みハガキと同じ仕組みでキットの販売をしていきます。

あと、ＳＥＯ（検索エンジン対策）、ヤフーへの登録、ヤフーのディレクトリ対策（ヤフーに登録されるホームページの説明文の対策など）、アドワーズ・オーバチュアなどのＰＰＣ（クリック課金型広告。１クリックごとに何円という形で、広告料金を支払う形式のオンライン広告）対策、『まぐまぐ』の本になったメルマガへの書籍の登録申請（これは、『まぐまぐ』でメルマガを発行している発行者が書籍を出した場合に、『まぐまぐ』で紹介してくれるというもの）で、懸賞プロモーションなども段取りしていきました。

その他、SEOを考慮して本のタイトルを決定し、さらに次のような販促をやりました。

- 店頭ポスター（200枚、一般的な、本の表紙の写真を入れたもの）
- POP（これも、販売力のある書店に絞るので200枚だけつくりました）
- DM用の絵ハガキ（2000枚、裏は、本の表紙の写真と手書き風の文章、表は、僕ら兄弟の写真と本の注文書がついたもの。表には吹き出しをつけて「今、売れてます！」と書いています。
- SPの名刺（各2000枚、本の表紙の写真を入れたもの、裏は講演・執筆の得意テーマなど。講演・執筆に関する記述は、出版後の投下資金の回収のためにも書いておく必要があります）

などです。あとは、オンライン書店への訪問、全国書店めぐり、プレスリリースによるマスコミへのアプローチなど、怒涛のような猛攻をしたのです。

このように本の販促を行うとともに、協議会の全国支部のインフラをフル稼働させて、業務展開を図っていきました。

お世話になります。金森です。こんど、
僕たちの書いた『自己破産せずに借金を返す法』が
ダイヤモンド社から出ました。
今まで自己破産をすすめる本が多かった中で、
『借金を返しなさい』という切り口の
本になっております。ぜひ読んでみて下さい。
（ハガキ表面をFAXしても注文できます）
金森信二郎・重樹

★1300円（税別）
金森信二郎・金森重樹 著

元サラ金の取立屋の私と、法律家として全国的に活動している兄とがタッグを組み、金融のウラもオモテも知り尽くした二人だからこそ教えられる、金融屋泣かせの秘策や、誰でもできる究極の低予算債務整理方法、特定調停を紹介します。きっとこの本を読めば、「法律は知っている者の味方をし、知識を生かした者だけを救済する」ということをご理解いただけると思います（笑）。…プロローグより

第1章 まず、取立て対策
●サラ金の取立屋も所詮サラリーマン、ビビることはない！
●取立てに対抗するための法律基礎知識
●備えあれば憂いなし。これで万全！取立て撃退七つ道具

第2章 借金整理に成功するため、しなければならないこと
●「借金整理」の前に「気持ちの整理」から始めよう
●法律は知ってる者の味方をする、少しは勉強しよう

第3章 知ってトクする、知らなきゃソンする！特定調停
●「早くて」「安くて」「返済がラクになる」弁護士いらずの裁判所制度

第4章 特定調停の手続き準備から成立後まで
●特定調停を成功させるポイント
●法律業界初!!借金診断サービスとは？ …etc.

以上のように、特定調停の事業展開ひとつを取ってみても、大変な長期間の準備が必要となってきます。

結果、バイブル商法を絡めたプロモーションは成功裏に終わり、続けて特定調停の本を2冊出すドミナント戦略で、このニッチ市場において一定の地位を占めるにいたりました。

戦略についての一例を挙げましたが、この特定調停はほとんど社会的に認知されていない状態からの市場創造でした。市場創造はマーケティング戦略でもかなり難しいほうなので、ここまでやらなくても大抵の業務は開拓できるでしょう。

3 「選択と集中」で大きく成功する

行政書士として、取り扱いが可能な業務は、世の中には2000～3000種類あるといいます。ですが、あなたはこれらすべての業務に習熟することは一生かかってもできないでしょうし、そうすべきではありません。すべて習熟する頃には、既にあなたの人生は終わりを迎えているでしょう。

あなたが投入できる、「人、物、金、情報」の4大リソースは有限です。とすれば、「選択と集中」が非常に重要な戦略になってきます。どういうことかというと、「商材を絞り込みなさい」ということです。

行政書士の方と名刺交換すると、建設業、風俗営業許可、宅建業、内容証明、会社設立、遺言作成など、ごちゃごちゃと何十種類も業務を書き込んでいる方がいます。これは、どうしようもない、最低の名刺です。

たとえば、会社設立を頼もうと会ったお客さんは、この名刺を受け取っておもいます。

「この行政書士は、一体何が専門なんだろう？　建設業とか他のことが中心で、サブで会社設立をやっているのかな？　とすると、会社設立の経験はそれほどないんじゃないか？　この行政書士に任せても大丈夫なのか？　実は、会社設立は今回が初めてなんじゃないか？　だとしたら、まず経験についてよく聞いてからにしたほうがいいな」

そして、こう聞かれるかもしれません。

「ところで、先生、会社設立は今までにどれくらいされましたか？」

ここで、あなたが、まだ数えるほどしか会社設立をやったことがないとしたら、受注を落とす可能性が大きくなるわけです。

行政書士で大きく成功している方は、大抵外国人の入管手続専門とか建設業専門とか運輸専門とか、ある業界に特化しています。これは、「選択と集中」によって、その業界の情報のアンテナが高くなり、またその業界での人脈、ノウハウが増えるからです。業務にも習熟し、最初にその業務に取り組んだときの何分の1かの時間で業務を処理することができるようになり、効率が上がるからです。1点突破で、ひとつの業務に習熟したら、次の業務に取り組んでいけばいいのです。

間口を広げると、いつも、「その仕事は初めてやる仕事」ということになります。そうすると、1から調べないと業務ができませんので、いつまでたっても効率化のメリットは享受できません。

名刺にいろいろと書いている新人の方は、その名刺を捨てて、業務を1点に絞り込むことをおすすめします。

「そんなことをいっても仕事がないから、いろいろやらないと食べていけない」というあなたへ。

あなたの仕事は、はっきりいって、アマチュアの域を出ません。お客さんは、プロとしてのあなたに期待して、業務を依頼するのです。

あなたが、片手間にアマチュアとして業務に取り組み、何度も役所で補正をうけて、そのたびにお客さんに訂正印をもらって迷惑をかけていたのでは、二度とそのお客さんはあなたに仕事を依頼しないでしょう。そんなアマチュアがいることが、行政書士業界全体の評判を落としていることをお忘れなく。

なんでも屋は、なにもできないのと同じです。

4 どうしたら人脈をつくれるか考えていますか?

「選択と集中」が力を発揮する例について見てみましょう。

たとえば、僕はメルマガを発行するときに、「ひとつのニッチ分野でいいから日本一になろう」とおもって始めました。

マーケティングが得意だったため、この分野でメルマガを発行して、それを業務に結びつけようと考えたわけです。

マーケティングの分野には、チラシ系、WEB系、戦略系など、たくさんのメルマガがありました。この中で、みんなが重要だといいながら、まだ誰も専門のメルマガを出していない分野を探したところ、FAXDM(FAXでのダイレクトメール)のテーマが浮かび上がってきました。

この分野では、当時2、3誌しかメルマガが発行されておらず、かつ戦略的に部数を増加させていませんでした。

『まぐまぐ』全体で、メールマガジンは2万4000誌くらいあるといいますが、競合が2、3誌であれば、日本一になるのはたやすいと考えました。

結果的に、FAXDMを突き詰めて考えることによって、FAXDMのメルマガの中だけでなく、マーケティング分野全体で日本一（現在の読者数3・6万人）になりました。

また、このメルマガを発行することで、数々のマーケティング系・経営系メルマガの発行者たちと友達になり、彼らが本をどんどん出版するようになったことから、僕の事例も本によく取り上げられるようになって、人脈が急速に拡大していきました。

そうなってくると、「FAXDMの金森」ということで、認知度もアップし、マーケティングの相談とともに、会社設立や、企業関係の法務の依頼がくるようになりました。

また、いろいろなパーティなどでも、次第に自分についての説明が不要になっていきました。3・6万人のメルマガ読者がいるわけですから、そのクチコミ効果も考えれば、マーケティングに興味がある層の中で、おそらくその約2倍の7万人程度は、僕のことを知っているわけです。

個人で勝負する業界では、「○○の金森」（○○＝自分が強いテーマ）などと呼ばれるようになる水準に達しなければ、意味がありません。特定の専門領域に特化することの重要性が、この例でもおわかりになるとおもいます。

マーケティングと行政書士、一見すると何の関係もないような両者が、企業法務というシナジーを生み出しているわけです。

なお最近、行政書士の方で、業務の受注を目的としてメルマガを発行されている方がいらっしゃいますが、すぐにやめる方が大部分です。なぜだかおわかりになりますか？　読者が、数百～千名以下しか集まらないため、読者からの反響もほとんどないからです。

メルマガを発行する際にも、計画性や戦略思想のなさが如実に表れているのですが、メルマガを発行するのなら、本気で読者増加のために資金を投入して、最低でも読者数1万2000名を目指す必要があります。『まぐまぐ』の週間総合ランキングの最下位の200位くらいがだいたい、読者数1万2000名ですから、これ以下では告知効果もほとんどありませんし、メルマガを中心とした事業展開は難しいのです。

また、メルマガの広告料金はヘッタでだいたい1通1円計算で考えますから、たとえば300名しかいないメルマガですと（そもそも、5000名以下では媒体として広告依頼自体きませんし、きてもマルチ関係の広告ですが）、仮に広告を出すにしても、広告収入は300円です。そんなもの、とても事業の中心として考えられませんよね。

安易にメルマガを始めて、メルマガに時間を取られて本業がおろそかになるくらいなら、やめておいたほうがいいでしょう。メルマガにある程度資金を投入して（といっても、1

カ月数十万円程度で十分ですが)、セルフプロデュース(自分自身をより、魅力的なものにする演出のこと)やブランディング(自分自身を他と区別し、顧客にとって価値あるものとするブランドを構築する活動のこと)まで視野に入れた読者増加策を図るのでしたら、効果があると思います。

これについては、のちほど説明します。

5 情報発信をするものに、すべてが集中する

あなたは、自分が得た業務上の情報、あるいは営業ノウハウを同業の人間と共有するために、情報発信をしているのでしょうか? それとも、自分のノウハウを盗まれては困ると隠しているのでしょうか?

もし、後者だとすれば、相手もあなたにノウハウを盗まれては困ると、あなたに情報を与えなくなるでしょう。そうすれば、お互いに何も得るところはなくなって無駄な情報交換はしないという縮小均衡に陥ってしまいます。

僕が入っている、行政書士のML(メーリングリスト)の参加者にも、後者の考え方の人が多いようです。千数百人の参加者がいながら、発言するのはその数パーセントにも満

たない人数です。

人に情報をクレクレという「教えて君」なのに、自分では情報を何も出そうとしない者には情報は集まりません。逆に、自分の持っている情報を相手に与えれば、相手もあなたに情報を与えてくれるでしょう。

そうすれば、あなたの持っている情報と相手の持っている情報で、コラボレーション（協働）ができるわけです。お互いが持っている情報同士をつなげて新しい事業ができる可能性があります。

また、自分が持っている情報がひとつでも、10人に伝われば、10人から新しい情報を得られるでしょうから、自分の持つ情報はどんどん増えていきます。

また、情報は相手に与えたからといって、減るわけではありませんので、積極的に与えて何ら困ることがありません。

僕は、自分のメルマガで毎回3万6000人の読者に情報を提供していますが、恩恵としていろいろな情報が入ってきます。また、情報だけでなく、人脈、ビジネスチャンスなど、いろいろなものが入ってきます。これは、情報を相手に提供しているからにほかなりません。

実際、考えてみてください。あなたが頭の中に持っている情報のうち、大抵の情報は、今やインターネットを検索すれば出てくるものばかりです。そんなものを出し渋っても仕方ありませんし、いつかは相手も知ることになるでしょう。だとすれば、最初から情報を相手にどんどん出していって、自分に足りない部分を協力してもらって一緒に業務を展開していったほうが何倍もおもしろいでしょう。

そのためのツールは、メルマガかもしれませんし、事務所ニュースのチラシかもしれません。あるいは、楽天日記のような、日記サイトかもしれません。自分が、「こんなことを知りたいんだ」、「こんなことを考えているんだ」などと、呼びかけてみてください。世の中の何人かはあなたの考えに共鳴してくれるでしょう。

呼びかけないと、だれもあなたのやりたいこと、知りたいことについてわかりません。呼びかけていくと、世界が変わります。これは、人脈を増やす上での重要な心構えです。

あなたが、かたくなであれば、あなたを映す鏡として、相手もかたくなになるでしょう。逆にあなたがオープンであれば、相手もいずれは心を開いてオープンになっていくでしょう。これが、人脈をつくる方法です。

6 価格戦略におけるこんな誤解

新人だからといって極端に安い価格でサービスを提供して、いたずらに価格競争を促進している事務所がありますが、世の中の価格は需要と供給だけで決定されているのではありません。

受給の関係は、単純に価格が安くなれば需要が増えて、価格が高くなれば需要は減少するという関係にはありません。

ここでは詳しくは触れませんが、ＰＳＭ（プライス・センシティビティ・メジャーメント）分析という手法が示すように、お客さんは一定以上の安い価格を提示した場合には、「安すぎて品質に問題があるのではないか」と感じます。

たとえば、ダイヤの指輪が1万円とかだと心配で、「偽物じゃないか」、「粗悪品じゃないか」などとおもいますよね。これと同じ理屈です。

ですから、安いことがかえって、サービスの信頼度を損ない、依頼されないことも十分にあるわけです。

価格を安くすれば依頼が来るだろうという考えを持っている方は、この点をしっかりと頭に入れておいてください。

また、事務所が継続的に運営されて、社会的に意義がある活動をするためには、適切な利益を獲得していく必要があります。

適切な利益があるからこそ、事務所が運営できて、サービスの提供ができるわけです。

サラリーマンをやってきた人の中には、「お客さんから高い料金を取ることは悪いんじゃないか」とか、「安くすればお客さんが喜ぶんじゃないか」という勘違いをしている方が多いようですが、基本的に行政書士の業務には外部からわかるような相場はありません。

安くしてもお客さんは気づいてくれませんので、感謝もされません。

また、安くしていることがわかるお客さんは、たくさんの相見積りをとっているバーゲンハンターですから、そのようなお客さんは長期にわたって継続的な取引をするのになじみませんし、取引をするとこちらが損をしますので、お断りすべき客です。

お客さんから、高い料金をいただくことが悪いとおもっている方は、根本的に考え違いをしています。

料金を安くして、自分の生活が成り立たず、安定的なサービスを提供できなくなるほうが、よっぽどお客さんにとって悪いことなのです。

7 業際《ぎょうさい》問題を起こさないための法令遵守

行政書士をやっていると、いろいろと業際問題でクレームを入れてくる他士業がいます。たとえば、会社設立の場合には定款認証は、公証人役場という官公署に提出する書類ですから（行政書士法第1条の2）、行政書士の業務です。議事録や、定款の作成、調査書の作成も権利義務又は事実証明に関する書類として行政書士の業務なのです。

これに対して、設立の登記申請書は、法務局又は地方法務局に提出する書類（司法書士法第3条1項2号）として司法書士の業務です。

行政書士が登記申請書の作成をすることは認められません。また、逆に司法書士が定款の認証をすることも認められません。

とはいっても、お客さんにとっては、ここからここまでが行政書士の仕事で、ここからここまでが司法書士の仕事、というのは大変に面倒です。

その場合、本人申請という形で登記申請書をお客さんにつくらせる行政書士もいますが、おすすめしません。これは、司法書士法に違反することになるからです。

じゃあどうするか？　簡単です。業際問題が発生するおそれがある場合には、最初から司法書士なり税理士を雇えばいいのです。あるいは、外注先を確保すればいいのです。それが、経営者の発想というものです。

行政書士の方は業際問題について論議している方が多いようですが、それは自分が個人事業者としてやっていくから、そのような問題が発生してくるわけで、そもそも経営者としてやっていく場合には、業際問題を解決しようとする必要などないのです。他士業をどんどん雇い入れればいいのです（雇用士業を認めていない場合もありますので、厳密にいえば、パートナー制として合同事務所にするわけですが）。

最初の頃、僕は、なぜ彼らが他士業に業務を外注に出そうとしないのか、まったく理解不能でした。「なぜ、法律で禁じられた、あるいはグレーゾーンのことをしているのだろう。なぜ、他士業と協業しないのだろう」。

その結果わかったのが、彼らは外注先にお金を払うのはもったいないと考えているから、なんでも自分でやろうと考えているということでした（これは、後で出てきますが、コストに対する考え方が間違っていることに起因します）。

あなたは、いつまで中小零細企業の個人行政書士事務所を自分の脳裏で夢想しているのですか？　あるいは、いつまで業法に抵触しながらこそこそと事業をやるのですか？

僕は、法律サービスを提供するサービス事業の経営には魅力を感じて、やろうとおもいましたが、行政書士を死ぬまでやろうとはおもっていませんでした。

だから、最初から外注に出せるものは外注に出しました。また、自分でできるものでも、時間とコストの兼ね合いを考えて外注に出せるものは極力外注に出しました。

よく、掲示板などでどちらの士業のほうが上かなどと、くだらない論議がされているようですが、他士業の事務所はあくまで外注先ととらえているわけですから、どちらの資格がえらいもえらくないもありません。仕事を出すほうが、交渉のテーブルにおいては常に主導権を握るわけです。

では、開業すぐの新人行政書士で、多額の事業資金を投下できない段階ではどのような戦略を取ればいいのでしょうか？

その場合には、最初から固定で他士業を雇うと、あなたは固定費に苦しむかもしれません。ですから、最初は協業する形で、他士業に仕事を外注で出すのです。他士業でないとできない部分は、他士業の先生に仕事を出してあげましょう。

そのようにして、自分の事務所でワンストップサービスで業務を受注しながら、徐々に事業規模を拡大していくのです。

たとえば、さきほどの会社設立を例に取れば、登記申請書を司法書士に外注したあとは、会社の月々の会計記帳（これは、行政書士の業務）は、事務所で受託して決算の際の税務申告は税理士に外注するのです。また、国民生活金融公庫での創業者融資の手伝いとか、保証協会付融資のための銀行へ提出する事業計画書の作成などは、行政書士として手伝えばいいのです。

要は、なんでもかんでも自分でやってはならないのです。そんなことをしたら、儲かりませんし、業法上も問題があります。

また、会計記帳が自分の時給換算のコストとの見合いで採算がとれなくなる段階まで繁盛してくれれば、その会計記帳業務は、計算センターに外注に出せば自分の仕事は減ります。

この、自分の時給換算コストとは、次のようなものです。

たとえば、自分の売り上げが年間2400万円だとします。
そうすると、1カ月の売り上げが2400÷12＝月間200万円
1カ月に25日働くとして、200÷25＝1日8万円
毎日10時間働くとして80000÷10＝1時間8000円
とすると、自分の時給単価は8000円です。8000円以上の付加価値がない業務は外注に出したほうが得になります。

つまり、月額の会計業務を2万円で受けているとします。

そして、伝票張りや入力などで全部で8時間かかるとしたら、売り上げ2万円に対して、本来のコストは8000円×8＝6万4000円です。とすると、見えないコストを考えると4万4000円の損が出ることになります。その時間、他の仕事をしていれば、稼げたはずのお金が入ってこないわけですから。

開業したての新人は、「外注すればお金がかかるけれども、自分でやればなんでも無料だ」とおもっているかもしれませんが、大きな間違いです。

2万円の業務を1万円で計算センターに外注に出して、何もしなくても自分に1万円が入るとしたら、何もしないで得られた1万円に、浮いた8時間で稼ぐ6万4000円を足して、7万4000円が稼げるということになります。

そう考えたら、自分でやるより、外注に出すほうが効率がいいとわかりますよね。

ここで、外注に出すのはお金がもったいないと考えている人間は、いつまでたっても急速な収入の拡大はありえないでしょう。死ぬまで、あくせくと書類書きをやって終わることでしょう。

さて、このようにして他士業の外注先事務所を数カ所確保したら、次に考えるべきはバイトを雇うことです。

一定の業務量が集中してくると、いちいち外注に出していると、コストが割高になってきます。1件だけなら外注で出したほうがいいけれど、毎週数件の外注仕事が出てくると内部で業務をこなしたほうが安くつくようになります。

そうなってきたら、資格ホルダーの人間をアルバイトで雇うようにします。こうすると、完全外注よりは1週間に数回、バイトの日に他士業しかできない業務を集中してお願いすることで一層のコストダウンができます。

資格保持者にとっては、いいアルバイトですし、事務所にとっては外注よりもローコストで業務を処理できるので双方にメリットがあるのです。

このような、WIN-WINの関係を構築していきながら、相当量の業務が確保できるようになった段階で、フルタイムの他士業を雇うという方法もあります。

ただし、最後の方法はあなたに相当な力量がない限り、人材の定着は悪いでしょう。なにせ、行政書士は資格業界では非常に軽く見られる存在ですから、それより上の資格の人間は、あなたを軽く見るおそれがあるからです。そうなると、あなたが大量に集客しているという事実をすっかり忘れて、自分でも商売ができるのだと勘違いする人間が出てきます。

「実務経験を積もうと事務所に入ったのに、こんなに簡単に業務ができるのだったら自分でやります」といって出ていくのが典型です。そんなふうにして出ていった人間は、出ていってから、前の事務所はひっきりなしに電話が鳴っていた事実、メールがひっきりなしにきていた事実に改めて気づいて、自分の力ではなかったことを知って愕然とします。

事務所を出ていくまでは業務をこなすことに自信を持っていますから、自分が開業してもやっていけるとおもっているわけです。経営者が、1万円札にライターで火をつけながらお客さんを集めているなんてことには、思いがいたらないのでしょうね。

労働分配率についても、士業の人間は勘違いをしているケースが多いようです。

労働分配率とは、付加価値のうち、どれだけを労働者に分配するかの割合をいいます。付加価値とはざっくりいえば、粗利のことです。

なまじ、士業は紙と鉛筆があればできる粗利の高い商売であるだけに、売り上げの80%を要求したりします。とんでもない話です。

通信販売業においては、原価率は30%を超えると危機的な状況です。通常は、原価率10～20%程度です。これは、マーケティングコストを計算していくと、最低限これくらいは取らないと商売が成り立たないからです。

これと同じで、士業でも目に見えないさまざまなコストがかかって事務所は運営されています。僕の事務所では労働配分率を売り上げの35%に設定しています。

100万円稼いだうち、35万円しかもらえないと不平をいう人間は、絶対に外ではやっていけません。なぜなら、100万円の売り上げをあげるために、どれくらいのマーケティングコストがかかるのか考えたこともないからです。

1本の電話が鳴るのにいくらかかるのか、1通のメールがくるのにいくらかかるのか、1枚のハガキがくるのにいくらかかるのか……ちょっと考えてみれば、すぐにわかりそうなものですが。

そういう人間は、外に出ても、そもそも月35万円も稼げません。なぜなら、彼らはすべてのお客さんは無コストで集まっていて、粗利100％と考えているからです。

何パーセントの労働分配率にするかは、一義的に出てくるものであって、いくらに給料を上げてくださいという話ではありえません。こちらとしては、その労働分配率に適うスタッフを採用するわけで、それ以上の分配を要求してくる人材は必要ないからです。

このような、労務管理上の問題とか、マーケティングコストに対してあまり理解のない人材を相手にするのがほとほといやになったので、僕は、現在は管理部門を除いて固定給で人を雇うことはしていません。

後で、スケーラビリティ（拡張性）の話が出てきますが、労働配分については完全変動費化の経営スタイルをとっています。

以上のように、業際問題は他士業と協働していくことで完全に回避できます。

外注先→アルバイト→雇用と事務所のステージに応じて段階的に活用方法を変えることで、固定的なコスト負担に悩まされることなく、あなたの事務所の事業規模を拡大していくことが可能です。

PART 5 ファックスDMで自動的に顧客を集める

1 行政書士業務は新規開拓の連続

行政書士事務所の経営において、集客は最重要課題です。

行政書士開業予定者が夢想しているように、バッジをつけたらすぐにお客さんから依頼がくるなどということはありえません。

また、税理士の場合は、会計記帳などで毎月安定的な収入が入るため、年数を重ねれば顧客の蓄積により、次第に経営が安定してきますが、行政書士業務はその性質から、リピーターとなる顧客ばかりではなく、常に顧客の新規開拓をし続けなければならない運命にあります。

たとえば、相続業務にしても、リピーターになって何回も相続することは通常は考えられませんので、常に新規開拓を余儀なくされる業種といえるでしょう（その中でも、建設業専門にやっている行政書士は、建設業許可の更新、経営事項審査対策などはリピート性があるため比較的経営が安定しています）。

ところで、あなたは「楽して新規顧客の開拓ができればいいな」とおもったことはありませんか？

新規顧客の開拓のために、仮にあいさつまわりをする場合には、名刺・事務所案内を持って、毎日毎日飛び込みをすることになるとおもいます。中には、不動産屋を中心にして農地転用などの受注を取ろうと業種を絞って効率的にまわられている方もいます。それでも、1日100件まわるのは、結構骨が折れますよね。

でも、安価で確実に見込み客がえられる方法があったとしたらどうでしょう？　その見込み客に重点的に営業のエネルギーをそそいでいけるわけです。

まず、「見込み客がどこにいるかがわからない」のが最大の問題ですから、「見込み客がわかった」だけでも無駄が省けます。これができれば、売り上げは爆発的に伸びますよね。

これまでは、そのような方法はなかなかありませんでした。

でも実は、マーケティングコストを激減させて、新規開拓を飛躍的に進める秘策があったのです。

これからお話しするＦＡＸによるＤＭマーケティングの内容を十分理解するために、まずこれまでの通販のコストについて考えてみてください。

仮にＤＭでのマーケティングをすることを考えた場合、封筒印刷・宛名書き・内容の印刷代・紙代・袋詰め・袋貼り、なんだかんだで、１通だいたい１００〜１２０円かかるはずです。ＤＭに写真を入れたり、カラーにすると、もっとかかります。

そんなにまでしてつくったＤＭでも、担当者のところに届く前に捨てられたり、届いても開封されなかったりして、かなり無駄が多かったですよね。

しかも、キーマン（業務を依頼するかどうかの意思決定者）を探すことは、難しい問題でした。

でも、ＤＭの半分以下のコストでマーケティングができて、しかも直接担当者のところに届くマーケティング手法があったらどうでしょう？　少なくとも、数の面だけからみても、２倍はＤＭが出せるわけですから、反響が２倍にはなりますよね。

それを可能にするのが、ＦＡＸマーケティングです。

しかも、ＦＡＸマーケティングのいいところは、コストだけではありません。

2 FAXDMで効果をあげるためには

利点 その1

FAXは始めから開封されているのと同じ状態ですから、**必ず読まれます**し、**文案の工夫しだいでは、かなりの確率で担当者の手元に届くようにすることができます。**

利点 その2

さらに、FAXマーケティングは印刷物も紙も**物理的なものは一切不要**です。最初に原案をワープロに打ち込めば、あとは優秀なFAXソフトが自動送信してくれるわけです。最近は、FAX自動送信ソフトも数千円~1万円程度で販売されています。

たとえば飛び込み営業にしても、テレマーケティングにしても、どんなに優秀な営業員の方でも1カ月で1万件のアプローチをかけることはほとんど不可能です。

ところが、FAXDMマーケティングを実施すると、1日で1万件の方にアプローチすることが可能です。

あなたは、見込み客探しではなく、FAXの返信されてきた潜在顧客に対して、じっくりアプローチするほうにエネルギーを割くことができますので、クロージングの確率が高まります。非生産的な潜在顧客を集める作業に時間を使わなくてもよくなる分、より密度の高い営業に専念できるわけです。

この手法は電話営業などにくらべれば、比較的使われておりませんので、まだ訴求効果が高い状態にあります。過去の例を見ても、新しい営業手法が開発されたときは非常に高いレスポンス率があるのですが、たとえばDMが導入された初期には、反響率が2％を超えていたといいます。時間の経過とともにそれは下がってきています。

ある月に実施した僕自身の新規開拓の実例をご紹介しておきます。

1400件のFAX返信型のDMによるレスポンスが42件です。通常のDMにFAXで返信できるようにしたものです。

かけたコストは、DM1400件×100円に対する42件ですから、ひとりあたり、レスポンスまでのコストは、3300円くらいでしょうか？

DMは郵送しました。宛名書きは母親にお願いしたので、コストはかかりませんでしたが、仮に宛名書きを代行する業者に頼んだとしても、せいぜい1件15円程度で可能ですので、コストはさして変わりません。

これは、顧客からその後、獲得する利益が数百万円であることを考えると、ほとんどタダみたいなものです。

レスポンスからクロージングまでの営業は、その人の資質による部分が多いでしょうが、少なくともレスポンスまでのコストは、その顧客から取引期間全部にわたって獲得する利益からみれば、雑費と表現したほうがいいものでしょう。

唯一失敗だったのは、予想（0・2～0・8％の間）外の反響があったため、お客さんのフォローに割く時間が取れず、迷惑をかけてしまった点があったということだけです。

ここで、集客しすぎてしまって、フォローの体制ができなかったことが、僕を新たなステージとしての経営の自動化へと推し進めるのですが、これについては、後ほどご説明します。

FAXDMは、DMの一種ですので、ダイレクト・レスポンス・マーケティングの手法が、そのまま使えます。

ただし、通常のDMが写真などを盛り込んで読む人に訴求できるのに対して、FAXDMは墨一色ですので、そのぶん訴求方法を視覚にたよらず反響が取れるように工夫する必要があります。

そこで、まずＤＭで適用される原理原則について研究してみましょう。**ＤＭの3要素はリスト（名簿）、オファー（提案）、クリエイティブ（表現）**です。要するに、誰に、どんなことを、どういうふうに伝えるかということです。

リストとは、名簿のことです。リストには、統計的なあるいは公的なデータから集めたコンパイルドリスト、自社で集めたハウスリスト、特定商品の購入顧客などのようなレスポンスリストがありますが、どのようにして集めたリストであるにしても、誰に送ればいいかについては一定の法則があります。

この法則を知ると知らないとでは、ＤＭの効果がまったく違ってきますし、コストもまったく無差別にＤＭを出した場合にくらべて、何分の1かに節約できます。ＤＭは、誰にでも送ればいいというものではありません。**効率的に、より反響率を高めて、利益を最大にするためにリストを最適化していく必要**があります。

そして、ＤＭを効率的に出すためには、一定の法則を知って、それを利用して顧客をグループ化するとともに、グループごとに異なったアプローチをしていく必要があります。

ひとつ目は、パレートの法則です。人数にして2割の客が売り上げの8割をもたらしてくれるという法則です。逆にいうと、残りの8割の顧客すべてをあわせても、2割の売り上げにしかならないということです。

お客さんを購入金額ランキングで上位から順に並べていって、それを人数で10等分します。たとえば、全部でお客さんが1000人いるとします。そして100人ごとの売り上げ構成比を見てみます。

例）

上位の100人…………60％
2番目の100人…………15％
3番目の100人…………10％
4番目の100人…………6％
（以下略）

そうすると、上位200人だけで売り上げの75％、上位300人で売り上げの85％を構成しています。それぞれの顧客に対してかかるコストと効果の見合いでいくと、1000件出す場合と、300件出す場合では、コストは3・3倍違いますが、売り上げの差は15％しかないことになります。

たったこれだけの作業ですが、300人でストップすれば、何も考えずに全部に対してDMを出した場合とくらべて、手間もコストも3分の1以下に削減できるわけです。

◆……FAXDMのリスト

FAXDMの配信先リストを収集する方法はいろいろとありますが、一番簡単なのは業界名簿を入手する方法です。

これについては、全国の団体名鑑が市販されています。この団体名鑑をたよりに各種業界団体にあたれば、名簿の入手が可能です。たとえば、PART2でしおたさんは政府刊行物センターで、『全国旅行業者名簿』を入手しています。

しかし、しおたさんはこれに留まるところなく、さらにタウンページとのマッチング処理によって、不要なデータの消しこみ作業をして、より確度の高いデータベースを構築しています。

FAXDMの名簿の量をもとめるのであれば、業種別電子電話帳などの市販のCD-ROMで、膨大な件数のFAX番号が入手できますが、それだけでは十分ではありません。

さらに、深いところまでデータを掘り下げていく必要があるのです。

◆……FAXDMのオファー

FAXDMのオファーは、レスポンスリストを一定数集めることができて、かつなんでも無料で聞き出そうとする客や、なんでも資料をもらおうとする客を適度に排除できるという二律背反的な要請を満たすように作り上げなければなりません。

たとえば、オファーを広くとって無料診断で大量にリストを集めることができたとしても、そこからの客への転換率が悪ければ、絞り込んで『交通費、実費相当額○円のみ承ります』としたり、『初回無料診断』などにする方法があります。

また、初回5000円にてお試しというオファーで、ほとんどがお客になったものの十分なリストが集まらなければ、オファーを限定しすぎているということになるでしょう。その場合、もうちょっとオファーの内容を緩める必要があります。

オファーは適切な質を確保しつつ、量を追及するようにA／Bスプリットを使いながら検証していく必要があります。

◆……FAXDMのクリエイティブ

FAXDMのクリエイティブで一番の問題は、墨一色しか使えないことと、写真や絵などの視覚的な表現がかなり制限されるという点です。

FAXは相手方が感熱紙の場合もあるでしょうし、解像度の問題もありますので、「読ませるDM」となるように文章を練る必要があります。

また、FAXDMの最上部はジョンソンボックス（DMの要点について囲み枠で3行程度に要点をまとめて、回りを囲み枠にしたもの）を活用するなどして、一読了解できるようにし、最下部はそのまま返信できるように申し込みフォームをつけます。

申し込みフォームの重要性については、言い出したらきりがないのですが、最低限自分でフォームに記入してみて、スペースは十分か、記入項目にもれはないか、返信先FAX番号はわかりやすい場所に明記してあるか、申し込みフォームに記入するにはどれくらいの時間を要するかなどを検討して作り込みをする必要があります。

また、レスポンスデバイスとしても、そのままFAXを送り返す場合以外に、郵便、電話、Eメールなどが用意されていればなおいいでしょう。

3 反響率の考え方で成功と失敗がわかれる

月商100万円を達成する方法について説明する前に、反響率の考え方について、見てみましょう。

反響率の考え方について、最近対照的なケースがありました。両方ともたまたま同じような内容の商材で、どちらもほぼ1000件のFAXDMを出したのですが、かたや6件

（その後、電話などを含めて計10件ありました）で、「大成功しました！　また、次回もトライします」という方と、同じ6件でも、「全然うまくいきませんでした」という方がいました。

この「6件」という数字は、どう考えたらいいのでしょうか？

双方とも、1件ヒットすれば10万円程度の利益が出る商材です。コストの面から考えれば、この6件の反響を、営業員を使って足で集めれば大変な金額がかかります。また、アポインターを使ってテレコールをしても、やはりアポインターの時給などで、足で集める場合ほどではないにしても、相当な金額がかかります。

また、リターンの面から考えれば、6件のヒットから、最終的なクロージングが1件でもかかれば、1件50円のFAXDM代×1000件＝5万円の投資は十分回収可能です。にもかかわらず、純粋にパーセンテージ、または件数だけから成否を判断するのは意味のないことです。

さらにいえば、これが、特殊な商材で0・01％しかヒットしない商材であったとしても、まだ採算の取れる可能性はあります。

1万件のFAXDM代が50万円かかったとして、それによる反響が6件、クロージングが1件、リターンが30万円であったとしますよね。

この場合ですら、成功といえる可能性があります。なぜなら、たとえば、依頼してくれたお客さんの細かいメンテナンスで、リピートの部分で収益があがるかもしれませんし、そのお客さんが満足すれば、追加依頼をしてもらえる場合だってあります。一定期間たったら、免許の更新依頼をしてくれるかもしれません。またはその方が、別のお客さんを紹介してくれるかもしれません。

これらトータルの収益を考えた場合、そのお客さんが落としてくれる利益は50万円よりずっと大きな金額になっているとおもいます。

依頼の際の利益（これは、業務報酬）＋追加依頼による利益（これは、派生業務の依頼による利益）＋更新による利益（これは、許認可の定期更新などによる利益）＋紹介による利益（お客さんが、ほかのお客さんを紹介してくれることによる利益）のトータルで考えることができるか？

それとも初回投入コスト（最初に投入したマーケティングコスト）＞初回購入の際の利益（初回の業務報酬）だけで見るか？

前者の考え方ができる人は成功します。最初のひとりの人脈を購入するのですから。この最初のひとりの人脈が購入できる人は、どんどんそこからの収益が発生してきます。

逆に、後者の考え方をして、失敗だとおもってやめてしまった人には、その収益の機会は閉ざされてしまうのです。

すでに大成功されている方には、釈迦に説法になってしまいましたが、この反響率の考え方が大きな差になって成否を分けているのです。

逆に、今の時代に、

初回投入コスト∧初回購入の際の利益

が成り立つ商材をお持ちの方は、どんどんレバレッジ（梃子《てこ》の力）を利かせて、FAXDMを限界まで打っていけばいいわけです。

予算管理の考え方にマネージドコストというものがあります。これは、「広告宣伝費は、いくら使ったからいくら売り上げが伸びた、という因果関係がはっきりわからないから、全体の数字から一定比率を決めてコントロールしていこうよ」、くらいの考え方ですが、これはFAXDMについてはあてはまりません。

なぜなら、**FAXDMは必ずFAX返信型にします（するべきです）し、これによって、何件打ったら何件反響があった、というトラッキング（追跡）が厳密にできる**からです。

折込広告、新聞広告などをやっていると、どの媒体の効果でどれくらいお客さんがきたのかは、厳密には効果測定できません。

でも、FAXDMなら反響率が厳密にトラッキングできます。ですから、採算に合う反響であれば、それはあえて一定の比率を設けて広告費を制限するマネージドコストではなく、エンジンの限界までアクセルを踏めばいいだけの話です。儲かるとわかっているのにあえて広告費を制限する必要はないですからね。

4 月商100万円をいかにして達成するか

たとえば、DMの反響が0・6％だと想定します。

1件受注したら、手続報酬が20万円の許認可手続です。

この場合、80件の問い合わせが必要だとすると、80÷0・006＝1万3333件で1万3333件のDMを出せば、おおむね80件の問い合わせがくることになります。

ここで、「え？　1万件もDMを出すの？」とおもったあなた、世の中のことを何もわかっていませんね。

新人行政書士で「200件DMを出したけれど、1件も反応がなかったので、DMは効果がないとおもいます」などとばかげたことをいう人がいますが、出す桁を間違えてます。

よく、宛名書き詐欺などで、「反応率を2％として、○○。だから、あなたも月収50万円以上可」などとうたっているのがありますが、これはDMの一般的な反応率を知らない素人をだますための文句で、現在、そのような効率の反応が得られることはめったにありません。

たとえば、1万3333件のDMを出すのに1件100円として、133万3300円かかったとします。

1件あたりの問い合わせまでにかかるコストが133万3300円÷80件＝1万6666円です。

この場合、80件の問い合わせのうち、実際の受注が8件あったとします。コンバージョンレート（問い合わせから受注への転換率）が10％という常識的なラインで設定しています。そうすると、8×20万円で最終的な売り上げは160万円です。

僕の場合には実際には、あらゆる業種でFAXDMをやってきていますから、問い合わせが0・6％などということはなく、もうちょっと高いですし、コンバージョンレートについてもかなり保守的にみていますので、160万円しか売り上げがないということは考えにくいです。

133万円を投入して、160万円を得ることを、成功とみるか失敗とみるか？　これによって、成功者と失敗者の分かれ目がでてくるのです。

160－133＝27万円しか儲からないじゃないかと考えた人→あなたは成功しないで

しょう。

この27万円は、ただ単に、たまたま20万円の仕事を2件依頼されて、40万円の売り上げをあげたのとはわけが違います。27万円の裏には、80件の問い合わせに対するコミュニケーションと、将来の依頼につながるかもしれないハウスリストの構築があるのです。

この80件のうち依頼されなかった72件は、いろいろな理由で今回は依頼しなかっただけで、あなたとケンカ別れでもしていない限り、将来も絶対にあなたに依頼しないというわけではないのです。

そうなってくると、その後もフォローを続けることで、確実に、売り上げがそこからあがってきます。ですから、仮に133万円投入して、その月に売り上げが100万円しかあがらなかったとしても、マイナス33万円と考えるのではなく、翌月に受注がくるようにフォロー活動をしていけば、かならず上向きのドライブがかかってくるわけです。

ですが、新人行政書士は、133万円を投じる勇気もなければ、仮に133万円投じて100万円の売り上げがあがっても、33万円の損害が出れば、ショックで二度とDMをやろうとはおもわないでしょう。

これが、成功する行政書士と失敗する貧乏行政書士の思考の違いなのです。

僕は、DM素人の方のために、かなり保守的に数字を見積もっていますが、実際にはこの何倍もの収益をあげることも可能です。

5 低コストでできる見込み客の大量獲得

僕は、相続の事業を起ち上げるときに、小冊子を使ってお客さんを集めました。

僕が参加しているMLでは、小冊子を十分に使いこなせてない行政書士が「小冊子で儲かるのか？」と、疑問の声を上げていましたが、上手に使えば確実に儲かります。SP（セールスプロモーション）ツールは、使い方次第で儲かるものにも、ただの無駄なコストにもなります。

僕が、どのように小冊子を活用したかというと、新聞などに、協議会の設立の記事を掲載してもらって、相続の小冊子を希望者にプレゼントしたのです。

新聞掲載の反響は凄まじく、掲載初日は電話の受話器を置くと、数秒ですぐ電話が鳴るという状態が夜まで続きました。ハガキでの小冊子の請求は5000枚を超え、紙袋一杯分のハガキがきて、大量の見込み客の集客が低コストでできたのです。

2STEP（2段階）アプローチとは、アメリカでは非常にポピュラーなマーケティング手法で、日本でも最近はよく行われていますが、小冊子、サンプルなどを提供することで、名簿の構築をすることに主眼をおき、名簿の構築の段階では直接の販売に向けた活動はしません。名簿を構築した後は見込み客に対して、テレコールやDMで受注につながる活動をする手法です。

僕は、行政書士業界で初めて、小冊子による業務開拓手法を導入しましたが、その後は他の行政書士が模倣しているようです。

ただし、2STEPの理解なくして、ツールをつくってもほとんど効果はないでしょう。

僕は、複数の小冊子の開発の他にも、無料相談の金券などを開発していますが、金券もただ配ればいいというものではなく、見込み客を集めるという観点から取り組んでいかないと継続的な顧客の獲得につながりません。

見込み客名簿をどのように構築していくかが、継続的かつ大量集客の肝になります。

6 見込み客名簿をどのようにつくればいいか

僕が開業して最初にやったのは、FAX返信型のDMを出すことでした。これは、DMなのですが、DMの下の部分が申し込み用紙になっていて、そこに記入してそのままFAXを流せるようになっていました。

お客さんにどんな提案をしたかといいますと、会社を設立したばかりのところに対して、創業者向けの助成金の無料コンサルティングの案内を出しました。

ではその、会社を設立したばかりのところは、どうやって探したらいいのでしょうか。答えは後で出てきますが、今これがわからない人は、どんな商売をやっても、うまくいかないでしょう。

DMの3大要素は、リスト（名簿）とオファー（提案）とクリエイティブ（表現）です。どの見込み客名簿に絞り込んできて、どのような提案をどのような表現方法でするか、ということです。

そのうち、もっとも重要なのが、リスト、すなわち名簿です。

見込み客名簿を見つけることができれば、DMの仕事の半分は終わったも同然です。

そこで、設立したばかりの会社の名簿を集めてきました。そう、法務局で、ですね。会社設立の勉強をする人は、設立の勉強ばかりしていないで、裏から手続を見直してみるとよいでしょう。

会社設立をするときに、類似商号調査簿が法務局に備えつけてありますから、あなたはそれを使って類似商号を調べるでしょう。そのときに、通常はあいうえお順に並んでいる名簿のうち、新しい分だけが更新分として別ファイルになっているでしょう（これは、法務局によって違いますが）。あるいは、新しい分だけ後ろのほうに入れてあるでしょう。

この名簿を見れば、ごく最近設立された法人がわかるわけです。そうすれば、その法人に対して、アプローチをかけていけばいいだけですよね。

これが、名簿収集の手法です。

こんなものは、そのままねしても仕方がないわけで、また、この方法を使える法務局と使えない法務局があります。さらに、使える法務局でも、これを書き写しても大丈夫なところと書き写せない仕組みになっているところがあります。

だから、これをまねするのではなく、この発想に横たわる思考のフレームワークを学んでください。

実際に僕は、以上の方法で売り上げを伸ばしたのですが、さらに、考えてみます。

仮に新設会社に対するアプローチのためのチャネル戦略（営業経路戦略）を考えるとして、どのような手法が考えられるでしょうか？

新設会社を知っていそうなのは、引越屋や不動産屋、内装業の人かもしれません。オフィス用レンタルマット会社や新聞勧誘員、レンタルオフィスや中古オフィス用品店かもしれません。あるいは、求人雑誌のオープニングスタッフ募集の求人広告で新設会社を知ることができるかもしれません。文具用品の配達業の人かもしれません。

情報が、一番最初に知ることになる川上の業者から流れてきて、川下にいく過程をつぶさに想像することで、適切なアライアンス先が見つかるかもしれません。そうすると、あとは、そのチャネルにコミッションを落として、情報提供をしてもらうのみです。

このようにして、**ある商材の提供を考えた場合は、その商材を提供すべき相手が、どのような名簿の構築によって、どこから発見できるかを考えることが重要**です。

これさえできれば、あとはＤＭの投入量に比例して、売り上げが増加します。

僕が開業した際に使った手法で、何人もの行政書士の方の事務所起ち上げを支援してきましたが、そのうちのひとりが仙台の小林三春先生です。

先生は、当初こそ事業運営に苦戦されていましたが、ＦＡＸＤＭによる事業展開をきっかけとして、今では補助者を雇い入れて、相続でも大型案件を取り扱うなど、大忙しの毎日を送られています。

小林先生の体験記をちょっと見てみましょう。

開業時の業務開拓（小林労務行政総合事務所　小林三春先生）

――士業を目指し難関試験に合格、いざ開業と考えたとき、みなさんは、顧客開拓と受注方法について不安な思いを抱くのではないでしょうか。

果たして自分のところに仕事はくるのだろうか、今までの生活は維持できるのか、報酬につなげる仕事がこなせるのか……といった不安がつきまとい、開業に踏み切れない方も多いはずです。

どのような職業においても、業務を受注し、その対価を得ることは当然で、士業においてもそのシステムは同じであるわけですが、専門職といった言葉に惑わされて、「士業も所詮はビジネス」という基本から離れた活動に陥っている諸先輩がよくみられます。

私自身も開業時は、多くの同業者がとられたような道を歩みました。諸先輩の開業記を読みあさり、勤務していた会社や母校の先輩や同僚、知人へのあいさつまわり、業務案内の郵便DM発送、近隣の住宅や企業へのポスティング、そして企業訪問の開拓に歩いたものの、電話ひとつ鳴らず、業務依頼のない空しい日々を送っていた当時を思い出します。

何とか業務依頼がきてほしい、そんな思いが交錯する毎日でした。

それは、開業4カ月目であったと記憶しています。突然、知人から東京の金森さんのことを知らされ、紹介したいとの話がありました。金森さんに電話したところ、私より半年前に開業し、開業直後から業務繁盛で忙しいとのこと。繁忙理由は、ＦＡＸＤＭで業務開拓し、数多くの受注につなげているということでした。

話の内容はにわかには信じがたく、自分で直接確認するために、金森さんの支援によってＦＡＸＤＭで成功した人を紹介してもらい、電話でその成功を確かめた後、金森さんに会いました。

ＦＡＸＤＭが効果的な要因、また送付する文案の大切さなど、面談時に再度話を聞くことができ、原案についても、素人がつくったものと金森さんがつくったものとを対比して見せてもらいました。プロがつくればヒットするが、素人には無理なことを実感し、ＦＡＸＤＭを外注に依頼しました。

仙台市内の私の事務所が所在する近隣地区への配信でしたが、これが大成功でした。2252通のＦＡＸ送付に対し、返信27通と電話での問い合わせが4件の、合計31の反響があり、業務受諾した売り上げからＦＡＸＤＭの依頼費用を差し引いても、十分利益が出るものとなりました。

送付先から最初の1枚の返信FAXが戻ってきたときには、感動しました。その後、問い合わせのFAXが返信されてくるたびに喜びが深まり、依頼した文章の中身の鋭さと理論に裏づけられた構成内容のすごさを実感しました。

このFAXDMの成功から、私の事務所も少しずつ業務が拡大していったことを覚えています。FAXDMの仕事からの紹介など、派生効果が現れてきたからです。

士業の成功は、ことのほか大変であるとおもいます。これは目に見えにくいものやサンプルがないものを販売するわけで、信用と業務実績の裏づけがないと、依頼を希望している人がいてもなかなか反応してくれません。しかし、自分の得意分野をアピールし、仕事につなげなければ、経営が成り立たないのです。

そこで発想を大きく転換し、自分で集客できない方は、業務開拓をアウトソーシングするとか、集客はプロに任せるべきと考えたほうが、事務所経営の安心したテイクオフの可能性が高くなります。また結果的に、低コストで大きな道が開けることになるでしょう。

PART 6 広告費を使わず集客する戦略

1 無コストでできる集客技法

広告宣伝費をかけなくても、集客効果がある手法として、新聞・雑誌・テレビにニュースとして取り上げてもらう、ノンペイドパブリシティ（以下パブリシティと呼びます）があります。

僕は、相続の全国団体を設立した際に、パブリシティを使って、5000名の見込み顧客のハガキを集めました。パブリシティ戦略がうまければ、広告費を使うことなく顧客を集めることが可能です。

また、パブリシティで記事として取り上げられた場合には、同じスペースでも反応率は、広告より何倍も高いのです。

ただし、これは同じ新聞社の複数の部署にアプローチして、二重掲載されるなどの失敗をすると、二度とその事務所の名前では載せてもらえなくなりますので、下記の説明をしっかりと読んで、自信がある場合以外は、ＰＲ会社にお金を支払って依頼したほうが安全です。

僕も相続団体の起ち上げのときには、今後の事業展開のインフラとなる団体でしたので、失敗しないようにＰＲ会社を利用しました。

ＰＲ会社に頼めば、だいたい20～50万円もあれば、マスコミに流すためのプレスリリース原稿のコンサルティング、記事が掲載されたかどうかを確認するための掲載紙のクリッピング、電話でのマスコミに対するフォローコールなども含めてやってくれます。

商品ライフサイクル（ＰＬＣ）という言葉があります。どういう意味かといいますと、商品には一生があるということです。

- 新商品が市場に出るとき（導入期）
- 商品が市場でどんどん売れ出すとき（成長期）
- 商品が認知されて市場で安定的に売れるとき（成熟期）
- 商品が飽和して飽きられる時期（衰退期）

成長期はものが売れますから、ガンガン広告を出していけばいいのです。広告を投入すればするだけ売り上げがあがります。競争も激しいですから、それほど利益はとれませんが。

ところが、導入期は広告を出しても、新しい商品の場合は、その商品が世の中に認知されていませんから、利益はマイナス状態になります。

人間は、まったく未知のものはなかなか買いません。市場に認知されていないので、認知させるまでに大変な広告宣伝費がかかります。

チャネル（販売経路）自体がない場合がありますので、このチャネル開発にもコストがかかります。

では、導入期の商品を広告宣伝費をかけないで市場に認知させるにはどうするか。

導入期の商品には、成長期にはないニュース性というものがあります。目新しさがあるわけです。これが、強みです。

このニュース性を使って、無コストで市場での認知とか、チャネル開発を図ろうというのが、パブリシティの考え方です。パブリシティとは、商品やサービスをメディアの中で記事として取り上げてもらう活動です。

記事として取り上げてくれる保証はないですが、いったん記事として取り上げられれば、広告にくらべて客観的な評価が得られるわけですから、媒体の読者なり視聴者に与える効果は大きくなります。

では、どうやってパブリシティを実施すればいいのでしょうか？　プレスリリースの原稿を作成して、メディアに送付すればいいわけです。

では、どこに送付すればいいのでしょうか？

◆……プレスリリースの送付先

その前に、媒体について知ることが最低限のマナーとして必要になってきます。

たとえば新聞でしたら、政治部・経済部・社会部・文化部・生活部があります。ＦＡＸ番号のデータベースがあるからといって、なんでもかんでもＦＡＸするとします。そうすると、新聞というのは、同一日付に同じ記事が載ることは絶対にあってはいけないことですし、万一載ってしまった場合、あなたの会社は永久に新聞に載せてもらえないブラックリストに入ってしまいます。

また、各部の違いがわからない方は、まず新聞の紙面をじっくり読んで、どのような記事が載っているのかを考えてから取り組む必要があります。そして、どの部署が最適かを考えてみるのです。

この手間を惜しんで複数の部署に送りますと、各部で、どうせ他にも出しているのだろうということで、どこにも取り上げてもらえなくなります。

たしかに『広告関連会社名鑑』（宣伝会議）などを使えば、パブリシティ・データベースの作成は可能ですが、一つひとつ正確に部署と担当者とどのコーナーかを調べて取り組んでいくほうが、急がばまわれで近道です。

また、自分の事務所の商品というのは、そういろいろの部で取り上げられるものではなく、一定の新聞・業界紙・雑誌に対象が絞られてくるはずです。予想外にターゲットとなる媒体は少ないものです。そうやって、送付先を慎重に選んでいきます。

いったんFAX送信先のリストをつくったら、あとはFAXを一斉に流せばいいでしょう。ただし、FAXで流していいのか、郵送のほうがいいのかという問題もあります。

新聞社の場合、紙焼きの写真がほしいとか、郵送でサンプルを入れてくださいなどといわれますし、きちんとした媒体ほど郵送でのリリースの送付を希望する傾向にあります。

ですから、まず、FAXで流していい媒体であるということを確認した上で流す必要があります。電話をかけて、FAXで流したほうがいいのか、郵便のほうがいいのかについて、確認する必要があるわけです。

通常のリリース原稿ではなくて、プレゼントパブリシティ（商品プレゼントのプレスリリース）の場合は、大概はFAXで事足りるでしょうが。

また、リリースする内容については、ニュース性も必要になってきます。商品の導入期であれば大概はニュース性はあるものですけれど。

たとえば、あなたが「行政書士事務所を開業しました」——これは、毎年行政書士は何万人も開業するわけですから、何のニュース性もありません。どんな業務を始めたといおうが、何のニュース性もないわけです。

「行政書士の全国団体をつくりました」といっても、既に僕が日本初でリリースをかけてますので、二番煎じではニュース性がないのです。

事務所のチラシとか、商品宣伝にしかならない原稿をリリースとして送らないでください。これを何度もやっていると、名前を見ただけで捨てられるようになります。リリースは、社会的に意味があるからこそメディアが取り上げてくれるわけで、事務所の宣伝をするために取り上げるわけではありません。

ここでたとえば相続のサイトについて見てみると、「日本で初めて、日本最大規模の、相続の全国チェーンをつくりました」ということになると、ニュース性があるわけです。このほかに、奇抜性とか季節性とか、一定の切り口のニュース性があることによって取り上げてくれる可能性は高まります。

また、ニュースがなくても、企画でニュースをつくるといった方法で、リリースをかける場合もあります。

このようにして、商品やサービスの導入期にパブリシティを上手に使うと、認知のためのコストが大幅に削減できることになります。パブリシティは、市場に認知させることが目的ですから、掲載されてすぐにお客さんが取れなかったとしても、悲観することはありません。たしかに、ダイレクトにお客さんを集める手法もありますが、掲載された記事を事務所のパンフレットに使うとか、HPに載せるとかして、信頼感を醸成する形でもあと使えます。これによって、事務所の商品が市場に認知されればいいのです。事務所の記事が掲載されることが、事務所のブランディングにもなります。

また、パブリシティによって、僕の場合は相続サービスの支部が増えましたし、副次的に提携先が増えたりするという効果も見込まれます。

最近は、既出の丸山行政書士など、マスコミに登場する行政書士は増えてきています。今後メジャーになる手法ではないでしょうか。

2 バイブル商法

歴史上でもっとも成功している顧客獲得のためのSP（セールスプロモーション）ツールが聖書です。この聖書になぞらえて、出版物を出して本で読者を説得し、販売につなげるのがバイブル商法です。

これについては、パート4「2 特定調停ビジネスの戦略」で、ご説明したとおりです。これは、PR効果とブランディング効果を同時に果たすことができる、大変すぐれものの集客戦略です。

最初から出版というのは、荷が重いとお考えのあなたは、自分自身で小冊子を作成するというのも手です。

小冊子を作成して、1冊1000円程度で販売することによって、小冊子の読者の方がお客さんになってくれる可能性があります。また、広告宣伝では、スペースの関係で十分に業務の内容について説明しきれないところを、小冊子を読んでいただくことで、お客さんに説明する手間が省けます。

さらに、この小冊子がお客さんから他の方に手渡されることによって、クチコミの効果も期待できます。

『営業マンは断ることを覚えなさい』（明日香出版）の著者で、営業の専門家である石原明先生も、「どのような形で顧客基盤をつくりあげたか」について僕が尋ねた際に、小冊子の広告を業界紙に出して、その小冊子を購入したお客さんが自社の会員となることで、顧客開拓を進めていったとおっしゃっていました。

ただし、小冊子の場合には、お客さんがあなたにどのようなレスポンスデバイス（電話、FAX、ハガキ、メールなどでコンタクトする方法）で連絡してくればいいのかの設計がきちんとできてないと、コストばかりかかって失敗しますので、反応が乏しいときには、小冊子に差し込みハガキを入れるなど、レスポンスデバイスに工夫をしてみてください。

対象顧客の年代によって、携帯で反応してくる層、ハガキで反応してくる層など違ってきますので、お客さんのために複数のレスポンスデバイスを用意しておく必要があります。その種類が多ければ多いほどよいでしょう。

3 ブランド価値を高める情報発信

セルフプロデュースとは、いかにして自己表現するか、外部に対して自分の魅力をアピールするかということです。外部に情報を発信しない限り、誰もあなたのことを知ってはくれません。

といっても、自分でメディアを持たない限り、既存のメディアに掲載してもらうしか、他人に自分の存在を知ってもらう方法はありません。

僕は、独立開業時より、積極的にマスコミへ露出する戦略をとりました。そのため、開業からほどなくして、ビジネス系雑誌、会計雑誌、建設系業界紙など多数の雑誌に露出するようになりました。また、最近は新聞、テレビに出ることもあります。本も何冊か出しています。

今まで、行政書士はマスコミ対策について、あまりにも何も考えていませんでした。というよりも、そもそも資格コンプレックスがあって、マスコミには出られないとおもっていたのかもしれません。自分で、何のマスコミ対策もしないでおいて、露出できるはずがありませんよね。

その手がかりになるのが、メルマガです。メルマガは発行スタンド（講読者に向けてメールマガジンを発行するサイト）を使えば、無コストで情報発信することができて、大変有効なセルフプロデュースのためのツールです。

まぐまぐの週間総合ランキングというものがあります。このランキングには前週にメルマガの部数の順位が200番までだったメルマガが掲載されています（だいたい、200番で読者数が1万2000人ですから、必ずこれ以上になるように、読者増加策をとってください）。

このメルマガランキングから、出版社が興味を持ち、出版のアプローチをかけてくることもあります。僕が一番最初に出した『元サラ金取立てナンバーワンが書いた自己破産せずに借金を返す法』（ダイヤモンド社）も、弟がメルマガで出していたものを元に、出版の企画が決まりました。

メルマガで情報発信をしていけば、当然広い範囲の目に触れることになりますので、いろいろな情報が自分のところに集中してきます。

このようになれば、雑誌の取材、出版の依頼などはしょっちゅうくるようになります。また、友達同士の輪の中でお互いに紹介しあうので、いろいろなところで露出するようになります。このようにして、ネットワークの中で互いを紹介しあうことで、シナジー効果が生まれてきます。そうなると、どこかで会社設立があれば、じゃあ金森に頼もうかということになってくるわけです。

このように、情報発信は自分のブランド価値を高めます。また、出版も自分のブランディングに役立ちます。

では、メルマガのランキングで200番、1万2000人の読者を獲得するにはどうすればいいのでしょうか？

4 メルマガ読者を増やすには「金を使え」

読者が5000名以下しかいない方は、まず左記の3つをすることです（最近、読者が1000名程度しかいない行政書士のメルマガがたくさん出ているようですが、受注につながりませんので、労力から考えたらやめたほうがいいでしょう。どうせやるのでしたら、目安として、メルマガランキングに掲載される最低1万2000名の読者を基準に考えましょう）。

1 アドワーズ広告とHPからのポップアップウインドウでの読者登録
2 SEO（検索エンジン対策）によるアクセス数アップ

③適切なキーワードの選択によるヤフーのディレクトリ登録

上記の最低限3点が実行できた人が、次のステップとして、媒体について検討すべきです。これらは媒体の内容以前に、継続的に読者を獲得できる手法です。

行政書士でホームページをつくっている方の中には、ヤフーの登録をいまだに無料で試みている人がいますが、どうかしています。もはや、ヤフーに無料で登録される時代ではありません。きちんとお金を払って登録してもらいましょう。個人がホームページビルダーなどで作成したレベルのホームページを、無料登録してもらうことは、ほとんど不可能だとおもってください。

僕は、アメリカを含めた、英語圏の全世界のヤフーにサイトを登録していますが、アメリカのヤフーは、毎年勝手にカード課金してきますので、それからくらべれば、日本は極楽です。

メルマガ読者を増やす目的は、リテンションマーケティング（顧客の囲い込み化）と継続的なアプローチをすることが目的です。だから、メルマガ広告をする場合には最終の収益を計算しながら媒体選びをするべきです。

でも、その前に無コストで読者を増加させる方策があるわけですから、それを利用しない手はありません。

ポップアップウインドウでHP来訪者を捕捉していく必要があります（この方法は、ポップアップを抑制するソフトが出てきた今となっては、効果は限定的ですが）。そのようにして、ホームページに来訪しながら、依頼などの行動を起こさなかった客でも、メルマガに登録させることで、再アプローチが可能になります。

ホームページ自体のアクセスアップにはアドワーズ、オーバチュアなどのＰＰＣ広告（クリック課金型広告）が有効です。キーワードを絞れば、月額10～20万円程度の金額で実験できます。

また、あなたのディレクトリ（さまざまなページへのリンクを分類して集めてあるページ）の説明文を見なおしてみてください。ホームページを持っている方におうかがいしますが、ディレクトリの説明文はキーワードの集まりになってますか？　そのキーワードの設定は市場調査の結果から出てきたものですか？　それとも、あなたが勝手におもってる思い込みですか？

メルマガ読者を増加させる前に、アクセスアップ対策を講じるべきです。

また、読者数の規模に合わせて、メルマガ増加のために取るべき戦略は違います。たとえば、部数が１０００～２０００程度の方は、相互紹介を積極的に推進するとよいでしょう。読者属性が同じメルマガであれば、１回の相互紹介で数十人程度の増加は見込めるでしょう。ただし、読者属性が違うメルマガ同士だと効果は限定的になります。

5000人を超えてくると、特定のカテゴリの相互紹介は相手探しが難しくなってきます。だんだん、同じカテゴリでの相互紹介できそうな部数のメルマガが少なくなってくるからです。そうなったときにはじめてメルマガ広告などの媒体での広告を検討してみるとよいでしょう。そのくらいになると、今度はメルマガ広告を掲載する側になるでしょうから、広告収入を使ってコストを吸収しながら、自分でもメルマガ広告を出せばいいわけです。

媒体は、読者属性が多種多様なので、どれがいいとは一概に申し上げられませんが、トライアンドエラーでいろいろと試されてはいかがでしょう。

メルマガ広告からのあがりを使って、自分のできる範囲で少しずつやる分には出費もないでしょうし、いけるとおもった段階でおもいきって広告費を投じればいいのですから。

このようにして、「種銭をころころと転がしていけば、大きなお金が生まれる」でしょう。また、メルマガの読者も際限なく増えるでしょう。

メルマガ読者が1万2000人を突破して、メルマガからのあがりが十分にメルマガ広告に使う支出を十分に補える段階になって初めて、そこから少しだけ生活のための分け前をいただけばいいわけです。お金がまわるサイクルを壊してはいけません。

有料広告以外では、『まぐまぐ読者さんの本棚』に掲載されたときに、僕のメルマガの読者は相当数増加してます。これは偶然ですから、こういうのは当てにしないほうがよいでしょう。

要はメルマガ読者を無料で集めようとするから苦難の道を歩むことになるわけで、**お金を捨てる勇気を持てばいい**のです。

毎月広告費を15万～25万円程度投入すれば読者は簡単に集まります。集まった後は、その投入した広告費を有効に回収すべく商材を販売していくだけです。リピーターをつくって、徐々に見込み客を顧客に変えていきます。

広告費を惜しんで時間をかけて集めるほうが効率が悪く、よっぽどコストがかかります（広告にお金を捨てる勇気のない方は自営業は向きませんから、以下の内容は読んでも意味がありません）。

B2B（法人顧客向け）のメルマガでしたら、まぐまぐのビジネス版に出すと、172万5000人の読者に、25万円（ひとりあたり約14銭）で告知が可能です。あとは、ひとりあたりの顧客獲得コストを計算しながら、媒体を変えていけばいいだけです。

◆……基本的な考え方

・だらだらと読者を集めていては、かえって高くつく
・ザイオンス効果（単純接触機会の増加）を使って、リピーターをつくり、広告費を回収する
・顧客獲得コストを測定しながら、媒体をコントロールしていく
・ネットだからといって、無料で読者が集まると考えるのは間違い

PART 7 一度獲得した顧客を逃さないために

1 せっかく集めた反応が受注につながらないわけ

ＦＡＸＤＭなどによって、大規模集客を果たしたとしても、それはあくまでも見込み客と「教えて君」が混じっている状態です。「教えて君」とは、情報をタダで聞き出そうとする、興味本位に連絡してくる人たちです。

集客の初動の段階で気をつけなければならないのは、この「教えて君」です。特に、オファーとして「無料相談」なり「無料コンサルティング」をする場合には、教えて君の排除が極めて重要な問題になります。

まず、ＦＡＸＤＭの戻りがあった段階で、文案を見て、ただ単に情報を取りたいだけなのか、それとも実際に業務の説明に納得すれば依頼を考えている客なのかを判断します。

ここで、第一のスクリーニングをするわけです。そして、業務の受注につながりやすそうな客から優先的に、アポ取りのために電話をかけていきます。その段階で「ご説明に納得していただければ、業務の依頼を検討するご予定がありますか?」と、こちらから先手で聞きます。

その段階で、もしその人間が「教えて君」でしたら、その段階で「情報だけ教えてくれれば、自分でやるから」とか、「ちょっと知りたいだけだから」とか、「資料だけ送ってくれればいいから」などの防衛反応を見せます。

ここで、へたに「依頼を検討する予定がある」などと答えてしまっては、「教えて君」としては、もともとただ単に情報を聞き出したいだけで依頼するつもりはないので、厄介なことになるとおもって、とっさに逃げのトークをしてしまうはずです。

ところが、実際に内容に納得すれば依頼をかけようとおもっている人でしたら、「内容がわかれば、依頼を検討します」とか「値段によって、検討します」などと答えます。

「教えて君」の中には、ホントにたちが悪くて、「簡単な質問で、すぐ終わりますから」とか、「今電話で教えていただければそれでいいですから」などといって、あつかましくだらだらと粘る人たちもいます。

そんな困った人たちには、「私たちは、知識を有料でお客さんに販売して収入を得ているのですが、あなたはそれを、無料で聞き出そうとするのですか? あなたは、スーパーで買いものをするときに、無料で商品をくださいというのでしょうか?」と切り返せば、電話を切ることができます。

日本人の中には、情報は無料だとおもっている人がいますが、そのような人々にあなたの貴重な時間を費やしている暇はありません。

また、「教えて君」は、あちこちハシゴをする習性がありますので、仮にあなたが教えなくても、時間のたっぷりある他の先生が教えるでしょうから、心配いりません(余談ですが、「教えて君」の中には、同業者がいることもあるので、気をつけましょう)。

このようにして、「教えて君」を排除して、全件訪問をする無駄を省きます。「教えて君」だった人間が、客に変わることはほとんどありませんので、電話の段階で依頼する可能性のない「教えて君」を排除し、重点を置くべき、見込み客への訪問にエネルギーを集中すればいいのです。

たとえば、1万件にアプローチして、0・6%の反応率で、60件のFAXDMの戻りがあり、さらに絞り込んで「教えて君」を排除すれば、最終で訪問件数は約35~40件に落ち着くでしょう。

そうすれば、1カ月あれば、十分まわれますよね。これが、1万件全件訪問とか、全件テレコールとかいう話になると、とんでもなく大変な作業になります。せっかく集めた反応も、他にエネルギーを分散させることになってしまい、受注につながらないわけです。

2 メールの相談にはメールで回答するな

見込み客からメールがきたときに、メールで回答する人がいますが、これはよくないですね。

メールで問い合わせてきた客も、電話をかけないと、とてもじゃないですが受注にはつながりません。メールだけでやりとりすると、客は他のところに逃げていきます。バーチャルの世界でやりとりしているため、いつまでたってもクロージングがかからず、相手はこちらの情報をどんどん引き出すだけで終わってしまいます。

また、メール相談をしてくる人の中には、あちこちでメール相談をハシゴしているやからがいます。無料メール相談なんてやっていると、「教えて君」ばかりがやってきて、業務の妨げになります。無料メール相談は、よっぽど顧客のスクリーニングに自信があるか、受注率がいい商材でない限り、おすすめしません。

メールがきた客には、電話で返すようにしたほうが、それが見込み客であればあるほど、受注につながりやすいのです。

3 集めた客を受注につなげるための方法

あなたのところで相談して、その後「考えてみます」といったお客さんに、しばらくして電話してみてください。大抵は、すでに他の事務所に業務を依頼しています。つまり、あなたはフォローコールを怠ったために、せっかく集めたお客さんを取り逃がしていたのです。

相談があったお客さんには、定期的にフォローコールを入れてください。

そのためには、あたりまえですが、「顧客管理台帳」はつくるようにしてください。そのお客さんから、いつ一番最初に電話があったのか、そのときの話の内容、2回目の連絡はあったのかなど、最初はエクセルシートでもいいですから、管理してください。

そして、一定期間を決めておいて、その一定期間後には必ずフォローコールを入れるようにしてください。そうでないと、お客さんは他のところにも相談している可能性が高いですから、他にお客さんを取られてしまいます。

あなたは、「ちょっと考えてから、またこちらから電話します」という言葉を真に受けているのですか？　「こちらから、電話します」といっている客が、自分から電話するはずがありません。他の事務所のハシゴをして、相談しているのが落ちです。あるいは、あなたのことを完全に忘れ去っています。

人間は、自分のことしか頭に残らないような仕組みになっていますので、あなたのことを覚えてくれているお客さんなど、稀有な存在です。お客さんの注意喚起のためにも、顧客管理台帳をつくっておいて、定期的にフォローを入れるようにしてください。

4 業務受注した客を〝殺して〟いないか

また、1回獲得した客からは、何度でも売り上げをあげましょう。たとえば、会社を設立した場合には、その後に毎月の会計記帳も取れるでしょうし、国民生活金融公庫の融資の手続も案内できるでしょう。また、許認可取得の必要があるケースもあるでしょうし、売掛金の回収のために、公正証書の作成をする可能性も出てくるかもしれません。また、数年後には許認可の更新手続もあります。

このようにして、1回お客さんになってくれた相手からは、何度でも売り上げがあげられるのです。

1：5の法則というものがあります。これは、新規顧客の獲得にかかるマーケティングコストは、既存客の5倍であるという法則です。

行政書士の業務の大部分は、リピート性のない業務ですが、全部ではありません。既存顧客からの売り上げがあげられる部分については、マーケティングコストは非常に低いわけですから、確実にあげられるように、フォローしていく必要があります。

また5：25の法則というものもあります。

これは、顧客の流出を5％防止すれば、利益が25％改善されるというものです。

士業においては、比較的ブランドスイッチ（銘柄の変更＝事務所の変更）は起きにくいのですが、それでも何もしないで放置しておくと、他の事務所に顧客を取られる可能性があります。

定期的な、ニュースレターの発行とかフォローコール、ハガキによって、顧客の流出を防止していくことで、損失の防止が可能です。

人間は、とかく新規顧客の獲得ばかりに目がいきがちですが、既存顧客の流出防止も大切な戦略のひとつなのです。

その他に、**顧客管理台帳の作成も重要**です。

ヤフーのEグループ（メーリングリストサービス）でもデータベースは無料で利用でき

ますし、エクセルでの管理でもいいですが、かならず顧客管理台帳をつけるようにしましょう。

たとえば、この客はいつ電話があって、いつ面談した、その後「考えてみます」という話だった——という場合、顧客管理台帳をつくっておけば、1週間後、3週間後などにフォローコールを入れようとか、メールを出してみようとか、ハガキを出してみようとか、フォロー態勢ができます。

ところが、「考えてみます」という案件が、常時数十件になってくると、お客さんのフォローをしようにも、顧客管理台帳がないと、どうにも把握できません。そうなってくると、実際にはそれほど仕掛かり中の業務はないのに、なんだかとてつもなくたくさん業務をやっていて、キャパがオーバーしているかのような錯覚に陥ります。

実は、そういう僕も、スタッフにデータベース管理をさせる前は、スタッフが「もう仕事は手一杯です」といってくることが多かったのです。

「おかしいな」とおもいながら、原因を探っていたのですが、結局ペンディングの案件が多くなると、すべて自分が取り組んでいる案件と錯覚して、業務にブレーキを踏んでしまうということに気づきました。

データベース管理をするようになってから、スタッフも、今自分がどのような状況にあるのかが一目瞭然になりましたから、安心して業務を続けられる状態になりました。

ヤフーのEグループ、またはエクセルで顧客情報と対応状況を入力しておいて、それを並べ替えれば簡単なデータベースの作成が可能です。

行政書士を開業したばかりで数千件の案件を抱える方はほとんどいないでしょうから、高価なデータベースソフトを買う必要まではないでしょう。エクセルには、検索機能がついていますから、これを利用して顧客名を検索して、顧客の過去の取引履歴を見ることも可能です。

また、大抵の方が利用しているとおもわれるアウトルックエクスプレスにもメールの検索機能がついています。これを使って、過去のお客さんからのメールの検索をすることができます。

現在、僕のところには、毎日膨大な数のメールがきますので、「先日メールした○○ですが」と名前だけいわれても、さっぱりわかりません。

そんな場合には、アウトルックエクスプレスのメールアドレス、文字検索を使って過去のメールを検索することで、その人が過去に出してきたメールは瞬時に全て集められます。

これにより、以前の問い合わせ内容がわかりますので、この検索機能は大変重宝しています。

PART 8 組織化でさらに大きく稼ぐ

1 個人行書から、組織としてのビジネスへ

僕は、開業してからすぐに、個人行政書士の売り上げの壁にぶち当たりました。

それは、仕事が取れないから売り上げが伸びないわけではありませんでした。仕事ならFAXDMを使っていくらでも取れたので、業務の受注の部分が、売り上げにブレーキをかけたわけではないのです。しかし、実際に自分がお客さんをまわって、受注して、最終的に業務をやって、日中役所に行くことには物理的に時間の制約があります。この、客先まわりがボトルネック（ビンの首のように、一番狭くて詰まりやすい部分）となってしまっていたのです。

事務所の電話は転送電話にしてましたから、事務所に入った電話は、僕の携帯電話に転

送されてきており、どんなに客先まわりをしていても、電話の受け付けの点は問題ありませんでした。

しかし、役所は9～5時までですし、お客さんのところも、遅くとも夜7時くらいまでしかまわれません。また、お客さんからのFAXにしても、事務所に戻らないと内容が確認できません。

そのような、時間的な制約から、日中すべてを客先まわりと役所への書類の提出などにあてて、書類の作成は全部午後7時以降にまわしたとしても、売り上げは月商100万円がいいところでした。

サラリーマンをやっていたときに、年収1300万円だった僕は、愕然としました。「これだけ一生懸命やって、サラリーマンより収入が低いんだったら、なんのために自営業になったのかわからない。なんとかしなければ……」。

最初の月が終わった後、僕はひどく打ちひしがれていました。このままの個人行政書士では、事業が拡大していかない。携帯電話がピーピー鳴って、毎日毎日、客先をまわって忙しい状態が一生続いて、死ぬまでバタバタでは、とても事業とはいえない。零細企業だな……これでは、会社に雇われるのはやめたけど、自分自身に雇われて、こき使われている状態にすぎないな……。

そこで僕は、零細企業としての行政書士で終わらないためにも、補助者探しという作業に着手したのです。

とはいっても、当たり前の話ですが、いきなり固定費で補助者を雇うのではなく、変動費化して補助者の労務費を抑えつつ、段階的に拡張していきました。この点で行き詰まっている新人行政書士の方がいるかもしれませんので、解説しておきます。

補助者は、なにも固定給で雇う必要はないのです。その先入観を捨ててください。補助者はアルバイトでもいいでしょうし、報酬についても粗利に対する労働分配率で支払うという方法もあります。

なまじ固定給で雇おうとするから、大きな心理的な抵抗が生まれて、なかなか雇うことができないのです。粗利の中から一定の割合を支払うという方法にしておけば、極端な話、粗利が1円もなければ補助者に1円も払わなくていいわけですから、心理的な抵抗は弱くなります。

また、補助者を雇ったら自分の取り分が少なくなるというのも間違いです。補助者に対して支払う労務費により、自分の取り分が少なくなると考えるかもしれませんが、補助者を使う状態というのは、自分が忙しくて時間のなさが売り上げのボトルネックになっているわけですよね。

とすると、ビンの一番細い部分である、時間的な制約が補助者を雇うことで広がるわけです。補助者に業務をお願いしている間に、自分の時間的な余裕が生まれるわけですから、その分、受注活動に時間を割けます。すると、売り上げも増加することになります。

そして、売り上げが増加し、その場合には、ほぼ間違いなく粗利も増加していますから、その中から補助者に報酬を払う分には、事業は成り立つわけです。ですから、補助者を雇うことで、あなたの取り分が増えることはあっても、少なくなることはないのです。

僕が一日の時間の中で、一番使っていたのは、実は書類書きの時間でも、接客の時間でもなく、移動時間でした。この移動を補助者に頼めば、確実に僕の時間は増えます。

書類を書く担当と、営業担当のふたつの業務に分離させれば、今よりずっとマシだと考えたわけです。とはいえ、最初は失敗もいろいろありました。

では、僕がどのように失敗しながら補助者を雇っていったかについて、見てみましょう。

最初は、行政書士の資格を持っていない補助者を雇いました。自宅から通って行政書士の勉強をしている男性でした。

当初の計画では僕が書類書きをして、補助者にＦＡＸＤＭで反響があった客先まわりをさせようとおもったのです。

ところが彼に客先まわりをやらせてみると、全然クロージングがかかりません。補助者の信頼性がないのと、業務の知識に乏しいため、受注につながらずにぼろぼろ落としてしまうのです。受注活動には営業力が必要とされるため、補助者では役不足だったのです。たとえまわってきても、「先生を連れてきてくれ」とか、「資料だけおいていってくれ」といわれるか、内容を教えて、ただ「ありがとう」といわれて帰ってくるだけでした。トークの仕方を教えたりもしたのですが、結局のところ、業務に対する基礎知識がないため、受注は難しかったのです。また、基本的なコミュニケーション能力についても、十分ではありませんでした。

次に書類書きを教えようとしましたが、これも時間がかかるので、教える時間がありませんでした。当時は、案件の受注が殺到して、教えているくらいなら自分がやったほうが早いというレベルでした。

当たり前のことですが、時間がないから補助者を雇っているのに、きちんと教える時間があるわけがありません。いきおい、「自分で勉強しろ」ということになり、本を与えたりするのですが、補助者は僕に教えてもらおうという依存心がありますので、なかなか自分で覚えようとはしません。

また、こんな状態で無理無理業務をやらせるわけですから、補助者の定着率もいいはずがありません。せっかく時間を割いて教えても、すぐに辞めてしまうので、また新しい補助者を雇うという状態が半年ほど続きました。

その頃は、とにかく補助者を集めないとダメだということで、必死に採用活動をやっていました。入っては辞め、入っては辞める……ザルで水をすくっているような、激しい消耗戦が続きました。

そこで、最終的には「行政書士合格者を使うしかない」ということに気づきました（もっと早く、気づくべきでした）。行政書士の合格者なら、いずれ自分で業務をやるつもりで事務所に入ってきているのでしょうし、自分で調べてでも書類を作成するでしょうから、こちらも気楽です。

というわけで、行政書士合格者を使って書類書きをさせて、僕がもっぱら業務の受注に専念することにしました。

独立したければ、独立させて、仕事をわけてあげればいいし、最終的に、これが僕に一番向いたスタイルなんだろうな、ということがわかりました。

完成した人材を、変動費による労働分配率で雇うというのが一番でした。

つまり、この案件に対する労働分配率は何パーセントだから、あなたがこの作業に対して何時間で仕上げようが、あなたの報酬はこれだけです……という仕組みです。

これによって、補助者は報酬をたくさん取りたければ、業務を短時間でやればいいわけですから、モチベーションが発揮されて、どんどん仕事をこなしていくことになります。つまり、仕事の覚えがよくなるのです。僕が取ってきた仕事をどんどん渡せば、自分で勉強しながら書類を作成していくわけです。

ここで、非常に重要なポイントがあります。

補助者は絶対に時給制で雇わないことです。

補助者は勉強をしながら業務をこなしていくわけですから、習熟した補助者にくらべて、業務処理に何倍も時間がかかります。また、わからないことは、役所に確認にいったりします。すると、報酬体系を時給制にしていると、足が出てしまう可能性が高いのです。

ですから、労働分配率で、何時間かかろうが、1件あたりの労働配分割合を決めておいて、それを支払う方法にする必要があります。

そうなってくると、ひとりの補助者が処理できる分量というのは限界が出てきます。するとさらに、複数の補助者を雇っていく必要があるのです。

別の考え方としては、行政書士がOJT（オン・ザ・ジョブトレーニング＝業務の中で必要な知識を勉強させていくことです）で丁寧に補助者を育成して、時間をかけて育てていくという考え方もあるでしょう。

あなたが、行政書士を一生続ける気持ちがあるのでしたら、それでもいいかもしれません。優しい先生として、補助者から慕われるでしょう。ですが、僕は行政書士事務所の経営はやろうとおもっていましたが、行政書士業務を死ぬまでやりたいわけではありませんでした。

そこで、丁寧に補助者を教育していくことに対しては、消極的だったわけです。そんなことをしていては、事業が拡大するのに何年もかかってしまうからです。そのため、こちらが世話をしなくても、自助努力によって補助者が育っていく仕組みを構築する必要があったのです。

また、大規模集客の先の「経営の完全自動化」をにらんでいたので、いちいち補助者を教育することは、自動化と相反する方向性でした。そこで、僕が補助者を教育しなくても、なんとか即製できる人材育成方法はないものかと頭を悩ませたのです。

その結果、出てきたのが、ふたつのシステムです。

1 ナレッジベース（それぞれの補助者が持つ情報を、共有、交換、蓄積していくデータベース）を構築して、補助者間で情報の共有化を図る。

ナレッジベースに過去の類似事例を蓄積しておくことで、補助者がそれを自分で調べることができたり、他の補助者の担当している業務についても、処理方法の知識を得られることになるのです。

これは、実際には事務所の補助者たちのＭＬ（メーリングリスト）を作成し、相互に情報交換させることで足りました。補助者たちが、相互に案件についての論議とか相談をやり取りすることで、その案件に携わっていない補助者に対する教育効果があるわけです。

また、過去の案件を検索すれば、同じような案件の処理の仕方がわかるわけです。

ナレッジベースといっても、高価なソフトウエアを入れずに、無料で利用できるＭＬで代用は可能です。

2 補助者の教育をアウトソーシングする。

また、補助者の労務管理、教育をアウトソーシングすることにしました。

これは、今後補助者が数十人から、１００人超の規模に拡大していく過程で、僕自身が他人に教えるということは不可能になっていくことを見越してです。

また、僕は他人を教育するということに非常にストレスを感じる性格で、人材の教育にはとても向いていません。相手の理解が遅いと、イライラして、とてもまともに辛抱強く教育できない性格なのです。

ですから、補助者教育をアウトソーシングすることは、僕の適性の点からもストレスの低減の面からも、外注費を払ってでも意義があることでした。

それで、僕はスタッフ教育のノウハウがある会社に、補助者教育を依頼しました。これによって、僕は補助者教育という問題から解放されました。

この段階で、リクルーティングしてきた補助者を教育する、スーパーバイザー（監督者）制度もつくりました。このスーパーバイザーが補助者の教育監督をするのです。

このようにして、外注先による訓練と、スーパーバイザーの監督によって補助者が育っていき、次はその補助者がスーパーバイザーになれば、最終的には教育のアウトソーシングは不要になるわけです。

人材の問題はどうにか解決できました。あとは、大量集客と管理業務が残されているだけです。

何でも自分でやってしまおうというのは、経営においては間違いです。何でもやってしまうと、いつも自分ばかりがバタバタ忙しく動きまわらなければならず、業務効率が上がりません。そうすると、いつまでも零細企業の域から脱することはできません。

自分の時給の考え方でも述べましたが、自分の時間コストはタダではありません。自分がやれば、なんでもタダだという考え方は間違いですので、今すぐ捨ててください。

そして、自分自身の適性を見極め、自分に適性がない場合には、外注なり補助者なりに任せることを躊躇してはなりません。

あとは、**自動化できる部分はシステムに任せて、自分の仕事がどのようにすれば減らせ**

るかを常に考える必要があります。

そうでないと、今あなたが対応できている状況も、業務量が10倍になったときに対応できるとは限りません。

もし、あなたが自分の売り上げを今の10倍にしようと考えているのであれば、営業の方法を考えるよりも先に、今の業務を、その10分の1の時間で処理できる方法を考えてください。

営業のほうを先に考えてしまうと、結局忙しくなって、自分の時間配分がボトルネックになり、売り上げは伸びません。

また、請求書の発送などの管理業務については、不完全ながら最終的には管理スタッフを投入して権限を委譲することにしました。

この本を書いている段階では、まだ全自動とまではいっていませんので、えらそうなことをいえた立場ではありませんが、半自動くらいはいっています。個人行政書士から、組織行政書士へと事業が変貌を遂げていきました。

その間、僕は全国の行政書士を集めて、相続問題連絡協議会という団体をつくりました。

これは、行政書士のネットワークで、「遺言や相続の業務に対処していこう」というものです。

補助者間のナレッジマネジメント（情報の共有によって、蓄積された価値から新しい価値を生み出す経営手法）を、外部の行政書士とのネットワークで加速させていこうとしたわけです。

新人行政書士ばかりが集まって、当初9の支部でスタートした協議会は、次第に賛同者を増やし、現在では、北海道から鹿児島までのカバーが可能な全国団体となっています。最初に相続業務に特化したのは、皆が新人であったため、いろいろな業務についての知識を持ち合わせておらず、相続という一定の業務に絞り込むことで、担当支部が業務に習熟することから作業効率が上がり、短期間で教育効果が発揮されると考えたからです。

また、ネットワークを組んだのは、以下の理由です。

個人の行政書士の力には限界があります。僕がどんなに勉強しても、所詮は開業して1年ちょっとの新人でしたから、業務の内容についての知識は、他の行政書士の方にかないません。それならその、他の方の知識を借りたほうが得策と判断したのです。

このようにして、僕は事務所を組織化するとともに、外部ネットワークも組織化していきました。これが特定調停事業など、その後に展開される、すべての業務のインフラとして機能することになります。

業務内容は、その後少しずつ幅を広げ、離婚協議書の作成、1円会社の設立などのラインナップとなっていきました。段階的に業務に習熟しながら、幅を持たせていこうという戦略を取っていったのです。

2 モジュール化とスケーラビリティ

行政書士の業務はモジュール化（部品化）に適しています。つまり、業務フローをバラバラに分解して、標準化して流れ作業にしてしまえば、規模を拡大することが容易です。

モジュール化についてもう少し具体的に説明しましょう。

業務における各機能をパッケージ（モジュール）として、その組み立てで全体をつくる、そのうちのひとつの機能する部品の塊をモジュールといいます。

たとえば、パソコンを例に取ると、メモリとかＣＰＵとかは部品の塊の集合ですよね。これをモジュールといいます。

昔だったら、大企業が、封建的に下請けや孫請けを使って部品をつくって、最終的に、大企業がひとつの製品にして、市場に出していました。

簡単な例をあげると、自動車産業は、それぞれの自動車メーカーを頂点として、膨大な数の下請け、孫請けの部品会社が下にあります。だから、自動車メーカーが一番先端にある、というピラミッド構造なわけです。

ところが、パソコンの世界は、CPUだけつくっている会社、メモリだけつくっている会社が水平的に、いろんなパソコンメーカーに部品を供給しています。

つまり、垂直的にではなく、水平的に事業がつくられているのです。パソコンを組み立てているパソコンメーカーが一番トップにあるわけではないのです。それどころか、組み立てをする会社は、パソコン産業の中では、一番収益性が低かったりします。

また、パソコンの性能を上げようとおもったら、メモリだけ変える、CPUだけ変えるという方法が取れます。自動車の場合、その自動車全部を買い替える以外は、通常はエンジンをトヨタから日産に載せかえるということはないですよね。

パソコンの場合には部品が標準化されているから、どのメーカーのものを使ってもいいのです。互換性があるわけですから、性能を上げようと思えば、モジュールごと入れ替えてしまえばいいのです。「メモリだけ増強しよう」とか、「CPUだけクロック数の高いものにしよう」ということが可能なわけです。

さて、士業に話を戻しますと、

行政書士、司法書士、弁護士のひとりあたりの稼得利益（平均年収と考えてもいいかもしれません）は、一般には左記の順番になるといわれています。

弁護士＞司法書士＞行政書士

弁護士の平均年収が一番高くて、次に司法書士、一番低いのが行政書士です。これは、客観的なデータから見て、このとおりだと思います。行政書士は、ひとりあたりの稼得利益が一番低いのです。

ところが、モジュール化の観点から見ると、その人の能力に依拠しないで標準化しやすい順番は次のようになってきます。

標準化しやすいとは、創意工夫の余地が比較的少なく、定型的な処理になじむということです。いちいち創意工夫をしなくても、機械的に判断できるということです。

行政書士＞司法書士＞弁護士

つまり、行政書士の業務は、個人の能力に依拠する創意工夫の余地が一番少なく、誰がやっても、それほど結果に変わりがないため、標準化しやすい業務なわけです。

たとえば、ある人がやれば貸金業登録の書類はAとなるが、別の人がやればその書類はBとなる、といったことがなく、誰がやっても、作成された書類は、ほとんど同じものができあがるわけです。逆に、許認可の書類で、個人によって成果物が違うのでは、役所のほうでも困りますよね。

司法書士→弁護士の順に標準化が難しくなり、弁護士は一層個人の能力によって結果が変わってきます。

その弁護士の能力次第で、勝訴にも敗訴にもなる可能性があるという点では、標準化しにくいわけです。また、裁判官による個別の判断が介入する余地が大きいのです。

となってくると、大量の業務を処理したり、電子的にデータを処理する場合の拡張性を考えると、行政書士業務が一番やりやすいということになります。

具体的には、たとえば、相続なら相続など、同様の案件を大量に処理する場合には、標準化が容易なので、行政書士の業務は流れ作業になじむということです。

おそらく、行政書士と司法書士は、同じくらい業務の定型的処理が可能な業種なのではないでしょうか。

また、システム全体としての売り上げをあげていくためには、各モジュールを入れ替える、または追加すればいいのです。たとえば、受注、見積もり、スタッフへの業務依頼、顧客からの入金確認、実費精算の部分には、まったく変更を加えることなく、会社設立、貸金業登録、建設業許可など、いろいろな商材を入れ替えていけば、売り上げは増加していくのです。

ということは、一人ひとりの売り上げではなく、システム全体としての売り上げで考えた場合には、ひとりあたりの稼得利益と全体の利益は、逆転する可能性があるのです。業務をシステマチックに動かしていけば、商材を追加することで、全体の売り上げは行政書士が一番大きくなる可能性があるということです（余談になりますが、弁護士業務の中でも、個人の自己破産などは、非常にシステムと親和性が高い書類作成業務です。これを大規模に展開している事務所がいくつかありますが、書類作成は完全な流れ作業になっていて、いずれも大きな売り上げをあげています。業務が流れ作業で展開していけて、定型的な書類作成のみで業務が完結するという意味では、行政書士の業務と似ています）。

ところが、ここで面白い現象があるため、事務所全体の売り上げの点で、行政書士事務所の売り上げが一番大きくなることはありません。

行政書士市場に流入してくる人材の問題です。

法律サービスは、法学部の学歴社会のピラミッド構造がそのまま現れた市場です。

同業の方の中には反論もあるかもしれませんが、世間一般的には、弁護士、司法書士、行政書士の順に頭がいいとされています。

ですから、行政書士の市場には、ほとんど優秀な人間が入ってこず、仮に入ってきても、いずれは司法書士とか弁護士の市場に流れていくという構図にあります。

行政書士の資格を取った人の中でも、一定の割合で、行政書士の業務はせずに勉強を続けて、司法書士や、弁護士を目指したりする人がいます。予備資格として行政書士を取っておいて、より難易度の高い試験に挑戦するためです。

これは、平均年収の高さだけを単純にくらべて、より高いほうに移動しようとするからです。その発想の基礎となる考え方は、自分ひとりで稼ぐことを前提とする自営業の発想であり、人を使ってシステム化して、ビジネスを展開することは、おそらく発想の枠外なのでしょう。

資格取得者の間では、「頭がいい＝難しい資格＝高収入」という公式が揺るぎないものとして信じられているのです。

このようにして、優秀な人材は、平均年収の低さゆえに最初から行政書士の業界には入ってこずに、司法書士や弁護士の業界にいく他に、仮に優秀な人材が入ってきても、いずれ行政書士の業界から他の士業に流れていくため、先ほど述べた利益の逆転減少は起こりにくいのです。

また、弁護士は、より高付加価値の業務をやるため、法律的には可能であったとしても、行政書士の業務まで市場を拡大する意思はありません。弁護士の場合においても、時間がボトルネックになっている以上、より高付加価値の業務で時間あたりの労働単価を上げていく他ないからです。このように、士業としての階層構造から、弁護士が行政書士業務に進出することはないわけです。

つまり、行政書士の市場は、強力な新規参入事業者はあまり入ってこない、ニッチマーケット（隙間の市場）なのです。

儲かることと、資格が難しいかどうかは、まったく相関関係がないにもかかわらず、学歴社会の呪縛にとらわれた士業者たちは、盲目的により難しい資格へと移動していくのです。ここに、大きなビジネスチャンスがあるわけです。

本来、**システム化によって稼げば、大きく稼げる可能性を秘めているのが行政書士の業務領域**なのです。ところが、法学部におけるピラミッド構造という、この市場特有のひずみがあるために、業務をシステムで定型処理して稼ぐ人間がほとんどいません。

このひずみこそが攻略のポイントなのです。

ここに「**人・物・金・情報」の全経営資源を投入して、猛攻をかけることで、一見して**

平均年収が低くて全然儲からない資格に見えた行政書士という資格は、まったく別の様相を呈してくるわけです。

最初の月に、月商100万円で壁にぶち当たった僕は、ここに至って突如としてブレークスルー（まったく異質な解決方法）を見出したのです。

僕は、ここ1年、システムで稼ぐという方法を実践するために、ナレッジベースを構築して、スタッフ間の情報を共有化できるようにしたり、メール分散処理システムをつくって、担当ごとに業務を自動的に割り振るようにあくせくしてきました。それで、現在では、月間600件くらいの依頼案件は処理できるようになっています。

この本を読んでいる、既に開業しているあなた、もしかしたら開業2年の僕より先輩かもしれません。プロローグからいきなり僕に失礼なことを書かれて、腹が立ったかもしれません。でも、腹を立てるのは簡単ですが、こいつから何か吸収してやろうとは考えられませんか？　今まで僕が書いてきた市場分析で、気づく点はありませんか？　このままでは、行政書士業界全体が時代遅れになってしまいます。

通常の業界のオペレーションのレベルは、僕がつくってきたものよりも、はるかに進んでいます。行政書士業界は、まだその点では原始時代のままといってもいいでしょう。そもそも、従業員数百人の企業がまったくない、中小零細企業の集まりの業界なのですから。

モジュール化の面において、行政書士は、他の士業よりも有利です。価格競争力の面でも、他の士業よりも強いのです。なにせ平均年収の一番低いのが行政書士なのですから、その価格競争力たるや、凄まじいものがあります。

それを、資格の難易度によって、盲目的に弁護士、司法書士、行政書士の順に稼げるとおもうのは、行政書士の強みを戦略的に生かさず、相手方の土俵で戦っているからです。高付加価値という分野は弁護士に任せておけばいいのです。法律的な議論をいたずらに戦わせることは、相手方の土俵で相撲をとっていることにほかなりません。

行政書士の強みを生かして、ビジネスを組み立てればいいのです。「弱者はすべてにおいて弱者ならず」です。


自分の土俵で、モジュール化と価格競争力を生かして戦えばいいのです。

PART 9 もっと儲けるための方法

1 メール分散処理システムの導入

この章は、もしかしたら、大部分の開業まもない新人の方には必要ない内容かもしれません。でも、事業展開をしていく過程で、いつかは必要になってくる内容ですから、書いておきます。

業務処理のプロセスは完全にオンライン化・自動化する必要があります。僕の事務所では、メール分散処理システムを導入しています。

基本的には、すべての業務がオンライン処理されていますが、その中で、重要な機能を果たすのがメール分散処理システムです。

メール分散処理システムとは、僕の事務所に寄せられる依頼メールを分散して、複数のスタッフが平行処理するシステムです。

小規模の事務所の場合、事務所の問い合わせメールは、ひとりで処理しているのが普通だとおもいます。その場合、事務所のメールアドレスはひとつです。

しかし、だんだんメールの数が増えてくると、複数で処理しないと対応できない状態になります。「多：1」から「多：多」に移行して、複数のメールには複数人で処理にあたる必要が出てきます。

その場合、通常のやり方では、各スタッフにそれぞれメールアドレスを与えて、担当者ごとにメールがくるように分散させます。

僕の事務所では最初、僕のメールアドレスにきたものについて、僕がメール処理のスタッフにメールを転送して処理させて、作成した回答をまた僕に転送させて、僕が目を通し、さらに回答メールをお客さんに転送していました。

不適切な内容の回答メールを排除するため、いったん、すべてのメールについて僕を通していたのです。

しかし、この方法では、僕が目を通す時間がない場合には、お客さんに転送していない未承認メールが僕のところにどんどんたまることになります。

僕のところがボトルネックになって、業務が滞留していたわけです。

その段階での、対応関係は、「お客さん：事務所＝多：1」なのです。お客さんの依頼は多人数なのに、メールの流れが1本だったわけです。

この状態だと、僕が休んだ場合には、未承認メールが大量にたまっていきます。また、スタッフが休んだ場合にも、同様に未処理メールがたまります。

僕のところとスタッフのところでボトルネックになるわけです。

「それなら、相続、離婚とか、依頼ごとに細かくメルアドを分けて、分散処理すればいいじゃないか」という声も聞こえてきそうです。

担当業務ごとに、細かく専用メールアドレスをつくって、それぞれの担当にメールが届くようにする方法です。これだと、担当者に直接メールが届くため、僕がいちいち担当者にメールを振り分けて転送する手間は省けます。

ただ、いくら業務担当を細分化しても、その担当が欠勤すれば、未処理メールが発生してしまいます。

また、僕が休んだら承認できないという問題点は、専用のメールアドレスをつくっても解消されません。さらに、メールアドレスを分ければ、各スタッフの業務処理状況が捕捉しにくくなります。

顧客データベースについても、メール処理を担当する各人別にならざるをえません。

僕がメールを見るためだけに、PCの前に座らなければいけないという状態では、僕は死ぬまでPCの前に張りついていなければなりません。通常のアウトルックエクスプレスなどのメーラーでは限界がきていました。

そんなこんなで、スタッフのメール処理状況を、どこからでも、リアルタイムに把握できて、メールの自動振り分けもでき、承認も不要になる方法はないものかとあれこれと考えて導入したのが、**分散処理システム**です。これは、次のような仕組みです。

1 お客さんからの依頼メールを全部サーバーにためて、WEB上で見られるようにする。

2 メール処理班に、各人の担当メールをWEB上に取りにいかせて、WEB上でメール処理を順番にさせる（WEBメールのようなイメージ）。

3 ひとりが、あるメールを処理している最中は、そのメールはロックされて、他の人間がダブってメールを処理して、二重にお客さんに回答が届かないようにする。

4 回答技能が未熟な人間には、直接お客さんに回答させないことにして、承認権限があるスーパーバイザー（監督者）が承認ボタンを押すまでは、処理されたメールはWEB上に待機させておく。

このようにすれば、僕は、外出先からでもWEB上で各メールの処理状況が確認できるのです。監督をつけたので、僕が承認する必要がありません。

また、多くのメールを多人数で処理するため、「多：多」対応で、スピーディーな処理が可能です。

実は、先日妻とハワイに旅行にいっていたのですが、ハワイから戻ると、休み中にたまっていた数百通のメール処理にうなされました。

ちょうど、システムの導入の準備中で、ハワイにいく前にシステムを稼働させたかったのですが、どうしても間に合わず、戻ってきてから大量のメール処理に苦しみました。

海外からでも、メール処理状況が把握できればな、とつくづく感じました。

システム導入後は、海外でもインターネットにつながる環境さえあれば、常時業務が監視できるようになり、大変便利になりました。

2 モジュール化、そしてアライアンス戦略へ

分散処理システムは、業務全体のフローからいえば、単にメール処理の部分のひとつのモジュールにすぎません。

しかし、これが完成することによって、確実に自動化への道が開けました。僕が、いちいちメールの処理をする必要がなくなったからです。

行政書士事務所のような、労働集約型のビジネスは、物販にくらべて自動化しにくいと考えられていますが、業務フローを細分化していくことによって、自動化可能な部分もあります。自動化可能ということは、規模を拡張していくことが可能だということですね。またローコストオペレーションが可能なため、価格競争力も出てきます。

このメール分散処理システムが構築できたことで、業務の完全自動化の道が少し見えてきました。

僕が事務所にいかなくても、自宅でＷＥＢから業務の流れを監視する。業務の処理状況は、データベースに記入されて、各案件の処理状況がリアルタイムで把握できる。人材は、スーパーバイザーによって教育を図る……このようにして、自分自身がなにもしなくても業務が流れる状況を、少しずつ確立しはじめていました。

集客についても、もはやＦＡＸＤＭに頼る必要はなくなりました。

アライアンス戦略で大手外資系企業のビザ業務を一括して受けたり、出版によるバイブル商法やネットによる集客をしたり……複数の顧客流入のチャネルができはじめました。

おそらく、今後、僕の事務所で最大の集客手法となるのはアライアンス戦略です。

アライアンス戦略とは、要するに提携戦略でして、相手方にメリットを与える代わりに、こちらの受注獲得機会をつくってもらうという、相互にＷＩＮ-ＷＩＮな関係の構築です。業界団体とのアライアンス、他士業とのアライアンス、全国チェーンのＦＣとのアライアンスなど、やり方はいろいろあるとおもいます。

モジュール化することの最大のメリットは、いくらでも拡張していける（スケーラブルであるといいます）という点です。

この特徴を生かして、大量・定型処理をすることで、行政書士が、他の事業者のバックオフィス機能を果たせるようになることが、おそらく新しいステージを開いていくのではないかと考えています。

他士業の方が、面倒だとか、自分とは関係ない業務だとおもったものを、僕のところに依頼してくれれば、いくらでも業務処理ができるようになるだけでなく、同業の方が、自分ではできないとおもった業務についても、同様に処理が可能になってきたわけです。これが、バックオフィス業務の意味です。

いかがですか？　みなさんも従来の狭い枠にとらわれず、この本で読んだことを、ぜひとも実行に移して、自分なりの事業展開をしていってください。

あとがき

本書では僕がいかにして業務開拓を行ってきたのかについて、駆け足でご説明してきました。

行政書士の社会的な評価が低いのは、決して試験が簡単だからではありません。他の資格にくらべて経済的な成功を収めている方が少ないからです。だからこそ、僕はひとりでも多くの経済的な成功者が現れることを願って本書を執筆しました。

また僕にとって、行政書士の社会的な評価を上げるための活動は、自分に課せられた使命だと考えております。

あなたがこの本を繰り返し熟読して、まずは開業初月に月商１００万円という第一ステップを達成していただけることを心より願っております。

「行動すること」の重要性、「お金を捨てること」「戦略を構築すること」の重要性については、本書で繰り返し述べてきたところです。「あ〜、いいこと聞いたな〜」で終わらせないように、今すぐ実行に移してください。

さて、本書執筆に当たっては紙面の都合上、実際に書いた原稿のかなりの部分を削除せねばなりませんでした。実際には、本書に載せられなかった営業のノウハウはまだまだあります。

そのため、本書を補足するために、ホームページを開設致しました。こちらのほうも、ぜひ目を通してみてください。

http://www.gyouseisyoshi.jp

最新の売り上げアップ法、営業に特化したノウハウが欲しいという方のためには、行政書士営業講座を開講する予定です（詳細が決まり次第、右のホームページでもお知らせします）。

最後に、あなたも年収数千万円の道を選び、歩き始めることを心より願っております。

金森重樹

行政書士営業講座の資料をご希望の方は、前ページのHP、または本書差し込みハガキでお申し込みください。住所、氏名、TEL、「行政書士営業講座資料請求希望」と明記の上、下の宛先までお送りください。

〒106-0032
東京都港区六本木3-5-8-203
金森合同法務事務所内　行政書士営業講座係

また、FAXDMの細かい技術について、さらに知りたいという方は、解説ビデオで分析手法や反応率についてのより専門的な知識を得ることができます。
http://www.kanamori.biz

<著者紹介>

金森重樹（かなもり・しげき）

1970年生まれ。東京大学法学部卒。ビジネスプロデューサー。行政書士、中小企業診断士。金森合同法務事務所所長。3年は食えないといわれる行政書士事務所の開業初月に、ファックスDMによる集客で月商100万円を叩き出し、開業初年度には30超の支部を有する相続処理の全国チェーンを構築。発行するメルマガはマーケティング部門で読者数日本一。その凄まじい営業力から「法律家の皮をかぶった商売人」と呼ばれる。著書に『元サラ金取立てナンバーワンが書いた 自己破産せずに借金を返す法「特定調停」があなたを救う！』（ダイヤモンド社）、『貧乏脱出・借金整理一人でできる特定調停』（オーエス出版社）、『1円で会社が作れます』（ブティック社）。監修に『女性のための自己破産せずに借金を返す方法』（PHP研究所）がある。

講演・執筆の依頼は下記まで
金森合同法務事務所
〒106-0032　東京都港区六本木3-5-8-203
TEL 03-5114-8540

「行政書士」開業初月から100万円稼いだ
超・営業法

2004年2月23日　第1版第1刷発行
2005年1月26日　第1版第5刷発行
著　者　金森重樹
発行者　江口克彦
発行所　PHP研究所
東京本部　〒102-8331　千代田区三番町3番地10
　　　　　文芸出版部　TEL 03-3239-6256
　　　　　普及一部　TEL 03-3239-6233
京都本部　〒601-8411　京都市南区西九条北ノ内町11
PHP INTERFACE　http://www.php.co.jp/
印刷所・製本所　凸版印刷株式会社

ISBN4-569-63465-6